Michael Schulz

Hans Urs von Balthasar begegnen

Michael Schulz

Hans Urs von Balthasar begegnen

SANKT ULRICH VERLAG
GmbH

Die Deutsche Bibliothek – CIP-Einheitsaufnahme

Michael Schulz:
Hans Urs von Balthasar begegnen / Michael Schulz. - Augsburg :
Sankt-Ulrich-Verl., 2002
ISBN 3-929246-82-1

Umschlaggestaltung: UV Werbung, Mediengruppe Sankt Ulrich Verlag, Augsburg
Titelbilder: privat
Druck und Herstellung: Ludwig Auer GmbH, Donauwörth
Printed in Germany
ISBN 3-929246-82-1

Ein erster Blick auf Hans Urs von Balthasar

1905	12. August, Hans Urs von Balthasar wird in Luzern geboren
1917–24	Gymnasialzeit in Engelberg und Feldkirch
1924–28	Germanistikstudium in Zürich, Wien, Berlin und wieder Zürich
1925	*Die Entwicklung der musikalischen Idee*
1927	Sommer, 30tägige Berufungsexerzitien bei Basel
1928	Promotion in Germanistik
1929	Eintritt in die Gesellschaft Jesu, Noviziat
1931	Philosophiestudium in Pullach bei München
1933	Theologiestudium in Fourvière/Lyon
1936	26. Juli, Priesterweihe in St. Michael, München
1937–39	*Apokalypse der deutschen Seele,* Mitarbeit bei den „Stimmen der Zeit“
1938	Textsammlung *Origenes, Geist und Feuer*
1939	Übersetzung von Paul Claudel, *Der Seidene Schuh* (1944 Aufführung in Zürich)
1940–48	Studentenseelsorger in Basel, Bekanntschaft mit Adrienne von Speyr
1941	*Kosmische Liturgie* (Maximus Confessor)
1941	Gründung der „Studentischen Schulungsgemeinschaft“
1944	Beginn der Diktate Adrienne von Speyrs
1945	Gründungsexerzitien der Johannesgemeinschaft
1947	Gründung des Johannesverlags
1948	Exerzitien zur Entscheidung über Zusammenarbeit mit Adrienne von Speyr
1950	Januar, Austritt aus dem Jesuitenorden
1951	*Karl Barth. Deutung und Darstellung seiner Theologie*
1952	*Schleifung der Bastionen*

1956	Umzug nach Basel
1956–67	Leiter der Johannesgemeinschaft
1961–69	*Herrlichkeit. Eine theologische Ästhetik*
1963	*Glaubhaft ist nur Liebe*
1965	Goldenes Kreuz vom hl. Berg Athos
	Dr. theol. h.c. in Edinburgh und Münster
1966	*Cordula oder der Ernstfall*
1967	17. September, Tod Adrienne von Speyrs
	Dr. theol. h.c. der Universität Fribourg
1968	*Erster Blick auf Adrienne von Speyr*
1969	*Theologie der drei Tage*
	Internationale Theologenkommission, Rom
1971	Guardini-Preis der Kath. Akademie in Bayern
1972	„Internationale katholische Zeitschrift ‚Communio'"
1973	Corresponding Fellow of the British Academy, London
1973–83	*Theodramatik*
1975	Wichtige Literatur- und Übersetzerpreise
1977	*Christlicher Stand*
	Balthasar-Symposion an der Kath. Universität von Amerika, Washington
1980	Dr. phil. h.c. der Kath. Universität von Amerika, Washington
1983	Gründung des Priesterzweiges der Johannesgemeinschaft
1984	Premio internazionale Paolo VI, Rom
	Unser Auftrag
1985	Internationales Kolloquium Adrienne von Speyr
1985–87	*Theologik*
1987	Wolfgang-Amadeus-Mozart-Preis, Basel
1988	Balthasar-Symposion in Madrid
	28. Mai, Ernennung zum Kardinal
	26. Juni, Tod; 1. Juli Beisetzung in Luzern
1995	Symposion zum 90. Geburtstag in Fribourg
1998	Symposion zum 10. Todestag in Fribourg

Einführung

Das Leben Hans Urs von Balthasars macht auf den ersten Blick nicht gerade den Eindruck, eine Fülle spannender Themen für eine Biographie herzugeben. Denn die Aufschichtung des Bücherturms, den er als einer der bedeutendsten Theologen des 20. Jahrhunderts der Nachwelt hinterlassen hat, muß ihn unweigerlich die meiste Zeit seines Lebens an den Schreibtisch gefesselt haben, und der Schreibtisch ist kaum der Ort, an dem erzählenswerte Abenteuer erlebt werden. Doch Balthasars Leben ist nicht nur reich an entscheidenden Wendungen, die er stets im Gehorsam gegenüber Gott und seiner Sendung verantwortet; vielfältige Aktivitäten, wie die Gründung verschiedener Gemeinschaften, unter ihnen die Johannesgemeinschaft für Frauen und Priester, oder des Johannesverlages, geben seinem Leben ebenso Profil wie auch Begegnungen mit Personen ganz unterschiedlicher Provenienz. Nicht zuletzt ist sein Einsatz als Seelsorger zu nennen. Die Einführung in Leben und Werk Hans Urs von Balthasars von Thomas Krenski tastet sich zu Recht an einzelnen Personen entlang, die für die geistige und schriftstellerische Entwicklung des Schweizer Theologen ausschlaggebend waren und jeweils einem Teil seiner Aktivitäten und literarischen Tätigkeiten ein bestimmtes Siegel aufgedrückt haben. Krenskis Buch schöpft seine Lebendigkeit auch aus dem persönlichen Verhältnis des Autors zu Balthasar.

THOMAS KRENSKI, *Hans Urs von Balthasar. Das Gottesdrama*, 1995 (Kurztitel = **Krenski**).

Die hier vorliegende Hinführung zu Balthasars Leben und Werk versucht trotz der engen Verzahnung von Biographie und literarischem Werk beides getrennt darzustellen. Sie soll dem theologischen Laien und Anfänger in Sachen Balthasar hilfreich sein, weshalb dieses Buch auch nicht den Anspruch erhebt, neue Erkenntnisse in der Balthasar-Forschung zu präsentieren. Die Auswahl der theologischen Themen folgt gewissermaßen katechetischen Motiven. Es sollen vor allem die zentralen Glaubensgeheimnisse zur Sprache kommen, in deren Mitte Balthasar die Trinitätstheologie plaziert. Aber die Trinität ist bei Balthasar nicht nur ein wichtiges Thema neben anderen; er entwickelt geradezu ein trinitarisches Denken, das seine Abhandlungen prägt. Auf diese Weise trägt Balthasar dazu bei, daß das oft an den Rand gedrängte Spezifikum des Christentums, der Glaube an den dreieinen Gott, wieder seinen gebührenden Platz einnimmt. Viele Theologen sind ihm in diesem Anliegen auch dann noch gefolgt, wenn sie selber methodisch und inhaltlich andere Wege eingeschlagen haben. In einer Zeit, in der die Religionen der Welt mehr und mehr miteinander bekannt werden sowie in ihrer Verschiedenheit, Gemeinsamkeit und gegenseitigen Beeinflussung wahrgenommen werden, kommt Balthasars trinitarischer Denkgestalt eine kaum zu überschätzende Bedeutung zu.

Balthasars Anliegen eines trinitarischen Denkstils verwirklicht überzeugend GISBERT GRESHAKE, *Der Dreieine Gott*, 1997. Gute Zusammenfassung: *An den dreieinen Gott glauben*, 1998.

Das unverwechselbare Profil der Trinitätstheologie Balthasars resultiert aus seiner Begegnung mit der Ärztin und Mystikerin Adrienne von Speyr. In der Balthasar-Forschung steht man jedoch erst am Anfang, das Werk Adrienne von Speyrs zu erschließen, um seine Relevanz für das Werk Balthasars genau auszuloten. „Im ganzen habe ich theologisch von ihr mehr erhalten als sie von mir, obwohl das genaue Verhältnis nicht aufgerechnet werden kann" (Erster Blick, S. 11; vgl. auch Krenski, S. 147 ff.).

HANS URS VON BALTHASAR, *Erster Blick auf Adrienne von Speyr*, 1989 (Kurztitel = **Erster Blick**).

Eine umfangreiche Biographie mit einer Vorstellung der einzelnen Werke Balthasars stammt aus der Feder des italienischen Philosophen und Theologen Elio Guerriero. Dieses Buch dient unserer Einführung gewissermaßen als Steinbruch. Guerriero besorgt außerdem die Übersetzung der Schriften Balthasars in die italienische Sprache, was deren Rezeption vorangetrieben und zu einer reichhaltigen Produktion von Doktorarbeiten über Balthasar geführt hat, verfaßt von Studenten, die im italienischen Sprachraum internationale Fakultäten und Universitäten besuchen (Rom, Mailand, Lugano).

ELIO GUERRIERO, *Hans Urs von Balthasar. Eine Monographie*, 1993 (Kurztitel = **Guerriero**).

Einen mit persönlichen Eindrücken dezent angereicherten *Ersten Blick* bietet auch Balthasars Vetter, der Jesuit, Philosophieprofessor und Weihbischof des Bistums Chur, Peter Henrici, in einem Band, den

PETER HENRICI, *Erster Blick auf Hans Urs von Balthasar*, in: *Hans Urs von Balthasar. Gestalt und Werk*, hrsg. von Karl Lehmann u. Walter Kasper, 1989, S. 18–61 (Kurztitel = **Henrici**).

Freunde und Mitarbeiter der *Internationalen katholischen Zeitschrift „Communio“* unmittelbar nach Balthasars Tod zusammengestellt haben. Auch aus dieser Quelle schöpft die vorliegende Einführung.

MANFRED LOCHBRUNNER, *Analogia Caritatis,* 1981. Zu den wichtigsten Ergebnissen zur Balthasar-Biographie vgl. Randnoten S. 20, 27.

Als ein besonderer Kenner Balthasars und Adrienne von Speyrs gilt zu Recht Manfred Lochbrunner, der bereits in seiner Doktorarbeit die Denkform Balthasars untersuchte und an einer großen wissenschaftlichen Biographie arbeitet. Auf seine künftigen Veröffentlichungen darf man gespannt sein, zumal es insgesamt nicht leicht ist, biographische Primärquellen heranzuziehen. Schriftlich hat Balthasar nicht allzuviel über sein Leben berichtet. Man muß die biographischen Notizen u. a. aus seinen Rechenschaftsberichten zusammensuchen, die sein immer umfangreicher werdendes Werk im Durchblick zugänglich machen sollten, wie auch aus der Veröffentlichung *Unser Auftrag,* die auf das 1985 auf Veranlassung von Papst Johannes Paul II. in Rom veranstalte Symposion über Adrienne von Speyr vorbereitete.

Die Rechenschaftsberichte sind zusammengefaßt in: HANS URS VON BALTHASAR, *Mein Werk – Durchblicke,* 1990 (Kurztitel = **Mein Werk**); *Unser Auftrag. Bericht und Entwurf,* 1984 (Kurztitel = **Unser Auftrag**).

Unser Auftrag stellt Balthasars Zusammenarbeit mit Adrienne von Speyr vor, bezieht sich dabei auf das *Geistliche Tagebuch,* das Balthasar unter dem Titel *Erde und Himmel* im Rahmen der Nachlaßbände Adrienne von Speyrs gedruckt hat, und enthält einen Entwurf der Johannesgemeinschaft.

Wichtig ist in diesem Zusammenhang ebenso Balthasars bereits erwähnte Schrift *Erster Blick auf Adrienne von Speyr,* die in Leben und Mystik der Genannten einführt, und in der er Aussagen über sich selber macht.

HANS URS VON BALTHASAR, *Prüfet alles – das Gute behaltet. Ein Gespräch mit Angelo Scola,* 1986, 2. Aufl. 2001 (Kurztitel = **Prüfet alles**). Weitere Lesetips zur Einführung finden sich auf S. 171.

Hilfreich ist ebenfalls das Gespräch, das Balthasar 1985 mit dem Theologen, späteren Rektor der Lateranuniversität in Rom und Anfang 2002 zum Patriarchen von Venedig ernannten Erzbischof Angelo Scola führte.

I. Ein Leben im Einsatz Gottes

„Letztes" und „Letzthaltungen" zu Beginn

Wenn von einem bedeutenden Theologen die Rede ist, wird man vermuten, da habe jemand schon früh damit begonnen, sich in theologische Fragen hineinzubohren und auch bald mit ersten wissenschaftlichen Publikationen wie einer Dissertation auf sich aufmerksam gemacht. Aber bei Balthasar ist das nicht der Fall. Er ist zunächst auch gar kein Theologe, sondern Germanist. Er erwirbt 1928 an der Universität Zürich einen philosophischen Doktortitel mit einer Untersuchung zur deutschen Literatur; eine theologische Dissertation hat er nie verfaßt. Allerdings dient bei seiner Doktorarbeit der Glaube als Maßstab der Interpretation. Balthasar unternimmt nichts Geringeres, als deutsche Dichter und Denker auf die in ihren Werken zum Ausdruck kommenden *Letzthaltungen* hin zu analysieren und zu deuten, d. h. auf ihre Haltung dem *Letzten* gegenüber: dem Gott Jesu Christi. In Anlehnung an das griechische Wort für das Letzte oder Äußerste, *eschaton,* veröffentlicht er 1930 diese theologische Literatur- und Philosophiedeutung unter dem Titel *Geschichte des eschatologischen Problems in der modernen deutschen Literatur.*

Balthasar verwendet das Adjektiv *eschatologisch* also in einem anderen Sinn als die Theologie, die es als Synonym für *endzeitlich* gebraucht. Das dogmatische Fach *Eschatologie* behandelt die *eschata,* das sind die letzten Dinge, wie Tod, Auferstehung, Wiederkunft Christ, Jüngstes Gericht, Himmel, Hölle.

Balthasars eschatologische Literatur- und Philosophieinterpretation mag gewagt erscheinen. Sie ist aber konsequent, wenn man sich vor Augen hält, daß jeder Mensch mit seinem Leben eine Antwort auf die Frage gibt, die ihm sein Leben unausweichlich stellt: Was ist dieses Leben, was ist seine letzte Bestimmung? Faktisch beantwortet jeder durch sein gelebtes Leben diese Frage. Nicht wenige geben über ihre Grundhaltung zum Letzten auch ausdrücklich Auskunft, z. B. in literarischer Form. Ernstzunehmende Literatur und Philosophie kreist immer um dieses Letzte, weshalb man sie auch danach befragen kann. Konsequent ist es freilich nicht weniger, das Fach zu studieren, das den Bezug des Menschen auf einen letzten Sinn und Halt zum Thema macht: die Theologie.

Balthasar ist der von ihm selbst in der Literatur aufgespürten Ausrichtung auf das Eschaton gefolgt, indem er noch vor der Veröffentlichung seiner Doktorthese im Herbst 1929 in den Jesuitenorden eintrat und nach der Germanistik nun auch Philosophie und Theologie studierte.

Jesuitenorden: eigentlich *Societas Jesu (Gesellschaft Jesu,* abgekürzt S.J.), von Ignatius von Loyola (1491–1556) gegründet.

Das theologische Studium eröffnete ihm erst recht die Möglichkeit, das Thema seiner Doktorarbeit weiterzuverfolgen und auszubauen; am Ende steht ein gewaltiges dreibändiges Werk, die *Apokalypse der deutschen Seele*.

HANS URS VON BALTHASAR, *Apokalypse der deutschen Seele. Studien zu einer Lehre von letzten Haltungen,* 1937–1939. Zum Anliegen dieser Literaturtheologie vgl. *Apokalypse* Bd.1, S. XXV–XLVIII; ALOIS MARIA HAAS, *Hans Urs von Balthasars ‚Apokalypse der deutschen Seele',* in: *Hans Urs von Balthasar. Gestalt und Werk,* hrsg. v. Karl Lehmann u. Walter Kasper, 1989, S. 62–77.

Wie schon den theologischen Begriff *eschatologisch* verwendet Balthasar auch den biblisch-theologischen Begriff der *Apokalypse* in einer abweichenden Bedeutung, die allerdings dem griechischen Wortsinn entspricht: *Apokalypse* heißt *Enthüllung, Offenbarwerden* – enthüllt werden soll also die endgültige Wahrheit des Menschen, die in seinem seelischen Inneren der verborgene Motor philosophischer und literarischer Werke ist. „Wenn ich meinem Dissertationsthema und der daraus entwickelten ‚Apokalypse der deutschen Seele' nachsinne, so war der Grundimpuls der Wunsch, die großen Gestalten der modernen deutschen Geistesgeschichte auf ihre letzte, oft verborgene religiöse Haltung hin zu ‚enthüllen' (apokalyptein heißt ja enthüllen), sie gleichsam ‚beichten' zu lassen" (Unser Auftrag, S. 32; Prüfet alles, S. 11).

Der erste Band der *Apokalypse* erschien 1947 auch unter dem Titel *Prometheus*. In ihm setzt sich Balthasar vor allem mit dem deutschen Idealismus auseinander. Dessen Versuch, Gott zu denken bzw. das menschliche Subjekt als (quasi) absoluten Ausgangspunkt aller Wahrheit anzusetzen, erinnere an den listigen Versuch des Prometheus, das Feuer den Göttern zu entreißen und den Menschen zu bringen. Die List der Vernunft und nicht die christliche Liebe entdeckt Balthasar im philosophischen Werk Georg Wilhelm Friedrich Hegels (1770–1831). Der List gehorchen auch Selbsthingabe und Opfer. Wirkliche Selbstlosigkeit, wie sie der Glaube von Jesus Christus kennt, gebe es bei Hegel nicht.

Die Schlacht am Gotthard und hehre Vorbilder

Die Selbstverständlichkeit, mit der Balthasar vom Glauben aus Literatur in ihren Grundaussagen zu vermessen sucht, wurde ihm gleichsam in die Wiege gelegt. Als er am 12. August 1905 in Luzern zur Welt kommt, taucht er in eine Glaubenswelt ein, die von großen Vorfahren geprägt wurde und die ihm nach eigenem Bekunden nie zweifelhaft wurde. „In einer selbstverständlich katholischen Familie" sei er geboren worden; „in einem ebenso selbstverständlichen Glauben, den nie ein Zweifel anfocht", sei er aufgewachsen. Er erinnert sich „an stille und ergriffene Frühmessen allein im Chor der Luzerner Franziskanerkirche oder an Zehnuhrmessen in der für mich überwältigend herrlichen Jesuitenkirche. ... Meine Mutter ging täglich den steilen Weg von unserem Haus hinab zur Messe; ihrem Gebet und ihrem frühen und schmerzlichen Sterben verdanke ich ohne Zweifel mit meine späte und ... urplötzliche Berufung" (Unser Auftrag, S. 30f.).
Was Balthasar über seine Mutter Gabrielle Pietzcker und ihre prägende lebendige Glaubenspraxis äußert, das gilt erst recht für das alte Luzerner Patriziergeschlecht der Balthasars, dem sein Vater entstammte. Aus dem katholischen Tessin kommend, ließen sich die Balthasars Mitte des 16. Jahrhunderts in Luzern nieder. Die Ahnengalerie zeigt die Portraits vieler für ihren Glauben engagierter Köpfe: Äbte, Äbtissinen, Chorherren und z. B. den Jesuiten Johann Anton von Balthasar (1692–1763), der als Missionar unter den Indianern Kaliforniens wirkte und als Provinzial der mexikanischen Jesuiten-

provinz tätig war. Über diesen Ahnen erhält Hans Urs von Balthasar nähere Informationen, als er selber in den Jesuitenorden eintritt und ein im Jahr 1777 gedrucktes kleines Buch über berühmte Luzerner geschenkt bekommt. Der Ruhm dieses Jesuiten leuchte auf in seinen Büchern, Tugenden und in seinem Wissen, heißt es dort. „Da habe ich ja hehre Vorbilder!“, lautete der Kommentar des *Jesuitennovizen* in einem Brief an seinen Vater (Guerriero, S. 21).

Novizen lernen vor ihren ersten Gelübden die Spiritualität des Ordens kennen und überprüfen ihre Entscheidung für das Ordensleben.

Für den katholischen Glauben setzten Balthasars Vorfahren sogar ihr Leben ein. In der als friedliebend geltenden Schweiz kam es zum letzten Konfessionskrieg Europas, bei dem der Oberleutnant Ludwig Felix von Balthasar im Kampf für die Sache der katholischen Kantone am 4. November 1847 in der Schlacht am Gotthard fiel. Zum sogenannten Sonderbundskrieg war es unter dem Einfluß des *Josephinismus* gekommen, der in den 30er und 40er Jahren des 19. Jahrhunderts mehr und mehr die Politik gegenüber der Kirche bestimmte.

Josephinismus: Staatskirchenpolitik Kaiser Josephs II. (1765/80–90), der im Geist des Absolutismus und der Aufklärung das kirchliche Leben (Besetzung der Bistümer, Pfarreien, Bildungseinrichtungen) bis in Einzelheiten hinein zu regeln beanspruchte, das Selbstbestimmungsrecht der Kirche empfindlich einschränkte und sie zur Erziehungsanstalt in staatlicher Hand umzufunktionieren beabsichtigte.

Der katholische Kanton Luzern wollte sich dennoch nicht das Recht nehmen lassen, z. B. Jesuiten als Lehrer und Theologen einzustellen. Sich selber als „liberal“ bezeichnende „Kämpfer für Toleranz“ mobilisierten ihre militärischen Kräfte in eher intoleranter Weise gegen Luzern, das seinerseits die katholischen Kantone zu einem Sonderbund zusammenschmiedete. Als man der Forderung des von liberalen Abgeordneten dominierten Parlaments nach Auflösung des Bundes nicht nachkam, entschloß man sich zur kriegerischen Intervention, aus der die militärisch und zahlenmäßig überlegenen liberalen und protestantischen Kantone als Sieger hervorgingen.

Vor dem Hintergrund dieser Ereignisse gewinnt die Anmerkung Hans Urs von Balthasars an Bedeutung, daß sein Großvater mütterlicherseits Protestant und Offizier gewesen sei und „ganz am Rand des Familienlebens“ gestanden habe: „zuweilen [machten wir] in seinem verrauchten Zimmer voller Waffen

einen scheuen Besuch“ (Unser Auftrag, S. 30). Es handelt sich um Oberst Hermann Pietzcker (1850–1922), der, so mag man Balthasars Hinweis entnehmen, keinen besonderen Einfluß auf dessen geistige Entwicklung genommen hat. Aber der Großvater wie drei weitere evangelische Urgroßeltern mütterlicherseits symbolisieren Balthasars Verbindung zum Protestantismus, mit dem er aufgrund seiner Begegnung mit Adrienne von Speyr und dem kalvinistisch inspirierten Theologen Karl Barth in intensiven Kontakt treten wird.
Durch die Ehefrau Oberst Pietzckers, die ungarische Baronin Margit Apor de Altorija (1859–1940), war Balthasar mit einer weiteren Familie verbunden, von der einige Mitglieder bedeutsame Aufgaben in Kirche und Politik erfüllten.
Eine Nichte von Margit Apor, Baronin Gizella Apor, übernahm für lange Zeit die Verantwortung für das ungarische Rote Kreuz. Baron Gabor Apor war Botschafter am Heiligen Stuhl. Vilmos Apor wurde 1941 zum Bischof von Györ geweiht und starb kurz vor Kriegsende am 2. April 1945 als Märtyrer, weil er einige Frauen davor bewahren wollte, von russischen Soldaten vergewaltigt und umgebracht zu werden. Die Soldaten hatten ihn daraufhin so schwer verletzt, daß er schließlich nach langem Todeskampf starb.
Angesichts des Märtyrers in der eigenen Verwandtschaft, aber auch anderer streitbarer Vorfahren für die Freiheit der Kirche, wundert es nicht, daß Balthasar sensibel, kritisch, mitunter aber auch polemisch auf Versuche in Theologie und Kirche reagierte, die nach seiner Meinung das Herausfordernde, ja Anstößige des Glaubens zu sehr einebnen. Den Vorwurf, den er sich damit eingehandelt hat, nämlich eine konservative Einstellung zu pflegen, nahm er dafür in Kauf.
Balthasars Großmutter, Baronin Margit Apor, die aufgrund ihrer Eheschließung mit dem Offizier Hermann Pietzcker nach Luzern übersiedelte und bereits in Ungarn ein Kurhotel geführt hatte, übernahm in der neuen Heimat die Leitung einer Pension, die man in ein Hotel umbaute. Die von der Großmutter geführte Pension Felsenburg wurde für Balthasar zur äußeren und auch inneren Heimat, die von Weltoffenheit und Drei-

sprachigkeit geprägt war: „Er lernte dort die geistreich-gehobene Lebensweise der reisenden Engländer kennen, später, im ersten Weltkrieg, kriegsverwundete französische Soldaten und schließlich 1918 die durchreisende Habsburger Kaiserfamilie" (Henrici, S. 19f.).

Ein musikalischer Lebensauftakt

Auf dem Felsenberg wurde am 21. März 1882 Balthasars Mutter Gabrielle geboren, die von ihrer Mutter „ein tiefes, religiöses Gemüt" geerbt hatte (Guerriero, S. 26). Ihr entschiedenes Glaubensleben zeigt etwa ihre spätere Tätigkeit als erste Zentralsekretärin des Schweizerischen Katholischen Frauenbundes, den sie mitbegründet hat. Auf einem der Empfänge und Bälle, die im Hotel der Großmutter stattfanden, lernte sie 1903 ihren Mann kennen, dessen Vater wiederum, Xaver von Balthasar, nicht nur auf dem Vierwaldstättersee die Kapitänsmütze trug, sondern zuvor auch an einer fünfjährigen Weltumseglung teilgenommen hatte und deshalb auf dem Binnengewässer großes Ansehen genoß. Balthasars Vater Oskar Ludwig, geb. 1872, hatte in Zürich Architektur studiert und durch Studienaufenthalte in Italien, Deutschland und Frankreich seine Kenntnisse erweitert. Zunächst in einem Architekturbüro tätig, wurde er 1909 Kantonsbaumeister, unter dessen Federführung u. a. die modern gestaltete St. Karli-Kirche in Luzern errichtet sowie das dortige Kantonsspital renoviert wurde. Zwölf Jahre lang engagierte er sich als Vertreter der Konservativen Partei im Großen Rat von Luzern.

Am 21. Juni 1904 heirateten Oskar Ludwig von Balthasar und Gabrielle Pietzcker, am 12. August 1905 wurde Hans Urs von Balthasar geboren. 1908 erhielt Hans Urs eine Schwester, Renée, 1913 folgte der Bruder Dieter. Die Großmutter unterstützte ihre Tochter dadurch, daß sie Hans Urs zu sich auf den Felsenberg nahm, so daß Zeit für vielfältige soziale Aktivitäten blieb, in denen die Mutter Balthasars ihr pädagogisches Studium fruchtbar machen konnte: in Form von Briefen zu Erziehungsfragen beispielsweise, die in der katholischen Zeitschrift *Die Schweizerin* abgedruckt wurden. Ihre Aktivitäten im Landesvorstand des Katholischen Frauenbundes führten sie über Luzern hinaus: ihre rednerische Begabung stellte sie mit einer reichen Vortragstätigkeit unter Beweis. Sie verfaßte schließlich eine Geschichte des Frauenbundes von 1912–1927. Offenbar hatten ihre verschiedenen Tätigkeiten sie sehr erschöpft. Vor allem aber entzog ihr ein körperlicher Schwächezustand bereits bei der Abfassung der Vereinsgeschichte des Frauenbundes die Lebenskraft, was kein Arzt erklären noch aufhalten konnte. Am 2. Januar 1929 starb Gabrielle von Balthasar mit nur 47 Jahren. Ihr Mann überlebte sie um 17 Jahre. Er starb an den Folgen eines Sturzes am 27. Juli 1946.

Eine wichtige Quelle für das Leben des jungen Hans Urs sind die Eintragungen seiner Mutter in die Familienchronik der Balthasars (vgl. Guerriero, S. 30f.):

Am 14. August wurde Hans Urs in der Luzerner Franziskanerkirche getauft. Dort ging er auch zur Erstkommunion und zur Firmung. Mit dem ersten Vornamen wollte man das Kind der Fürsprache und dem Schutz Johannes des Täufers anvertrauen. Der zweite Vorname greift zurück in die Ahnengalerie der Familie und erinnert an Franz Urs (1689–1763), Humanist und Mitbegründer der *Helvetischen Gesellschaft*. Für die der Mutter bald auffallende intellektuelle Begabung ihres Sohnes stehen gewissermaßen auch Joseph Anton Felix von Balthasar (1737–1810), der die Luzerner Bürgerbibliothek gründete, und Joseph Anton von Balthasar (1761–1837), der diese Bibliothek leitete und um die Kantonsbibliothek ergänzte; außerdem gab er die angesehene Zeitschrift *Helvetica* heraus.

Mit vier Jahren beginnt Hans Urs bereits Französisch zu lernen, was ihm schließlich ermöglichen wird, auch als Übersetzer französischer Literatur und Theologie zu arbeiten. Bei der Besichtigung der Baustellen des Vaters fällt sein Interesse für die Baukunst auf – aber auch für die Baumaschinen ... Für alles Schöne schwärme er, notiert die Mutter, wozu auch die Mädchen gehörten. Das Schöne faszinierte ihren Sohn insbesondere in Gestalt der Musik, was ihn später auch an eine Laufbahn als Musiker denken ließ. Das Klavier fesselt ihn geradezu. „Der Hauptinhalt meiner Jahre vor dem Gymnasium war Musik; seit den ersten umwerfenden musikalischen Eindrücken; der Es-dur-Messe von Schubert (etwa fünfjährig) und der Pathétique von Tschaikowsky (etwa achtjährig) verbrachte ich endlose Stunden am Klavier" (Unser Auftrag, S. 31).

Der Herbst 1917 führt Hans Urs zum Besuch des Gymnasiums nach Engelberg in die Stiftsschule der gleichnamigen Benediktinerabtei im Kanton Obwalden. Die benediktinische Pflege der Musik kam ihm sehr entgegen: „das Mitwirken in Orchestermessen und Opern" begeisterte ihn. Der erste Weltkrieg schien diese Harmonie nicht weiter stören zu können. Im Sommer 1918 konnte er die kaiserliche Familie in Augenschein nehmen, die in der Pension der Großmutter logierte.

Im Rückblick auf seine Gymnasialzeit urteilt Balthasar 1953, daß er „ewig musizierte und Dante las und nachts auf dem Schlafsaalbett stand, um ein wenig Licht für den ‚Faust' zu erhaschen". Demjenigen, dem diese Mitteilung damals galt, dem Redakteur der *Schweizerischen Kirchenzeitung*, Alois Schenker, gesteht er im gleichem Atemzug, „damals schon ganz schrecklich fleißig" gewesen zu sein (Henrici, S. 20f).

Dieser Anmerkung entnimmt Guerriero zu Recht ein bezeichnendes Programm für Balthasars weitere Entwicklung: Das Engagement gilt weiterhin der Musik, hinzu kommen die literarischen Interessen, welche die spätere Theologie Balthasars mitformen werden. Johann Wolfgang Goethe lehrt ihn die Wahrnehmung der Gestalt einer Wahrheit, d. h. vor jeder Analyse erst einmal das Ganze zu betrachten. Goethe, Dante, Claudel und andere werden Balthasar dazu führen, die ganze Geschichte zwischen Gott und dem Menschen als ein Drama zu betrachten.

Ein Wille, sich unter allen Umständen weiterzubilden, spricht ebenfalls aus jener zitierten Notiz. Möglicherweise bestimmte dieser Wille auch Balthasars plötzlichen Schulwechsel nach Feldkirch an die Schule der Jesuiten in Österreich. Dieser Ort sollte ihn später als Jesuitennovize wiedersehen.

Seine Musikleidenschaft konnte Balthasar jedoch nicht mehr sonderlich pflegen, auch dies wird sich im Noviziat wiederholen. Er bemerkt später lapidar: „als ich mit Freunden für die letzten zweieinhalb Gymnasialjahre nach Feldkirch hinüberwechselte, war die dortige ‚Musikabteilung' so lärmig, daß einem die Lust am Spielen verging" (Unser Auftrag, S. 31). Dennoch fand er dort Gelegenheit, mit seinen Freunden „viel Schöngeistiges" zu treiben (Prüfet alles, S. 10). Trotzdem: auch in dieser Schule fühlte sich der Hochbegabte nicht ausreichend gefordert, so daß er sich von der Schule abmeldete und – an den Eltern vorbei – am 26. März 1921 in Zürich das „Fremdenabitur" machte, das er mit Erfolg bestand. Jetzt – nach nur sechseinhalb Jahren Gymnasialzeit – war der Weg frei für das Studium der Germanistik, das offenbar am meisten Aussicht bot, seinen vielfältigen Interessen zu ihrem Recht zu verhelfen (zu genaueren Angaben vgl. Unterwegs, S. 79).

MANFRED LOCHBRUNNER, *Unterwegs zu einer Balthasar-Biographie? Marginalien zu Elio Guerrieros Monographie „Hans Urs von Balthasar"*, in: *Internationale kath. Zeitschrift „Communio"* 25 (1996), S. 75–90 (Kurztitel = **Unterwegs**).

Germanistikstudium

Balthasar immatrikulierte sich zunächst in Zürich, wechselte aber bereits zum Wintersemester 1924/25 an die Philosophische Fakultät in Wien. In dieser Stadt gab es trotz der Nachkriegssituation eine „Überfülle an Konzerten, Opern, Orchestermessen"; zugleich war Wien die Heimat einer Reihe von Verwandten. Wozu, mit welchem Ziel Balthasar studierte – das vermochte er noch nicht zu sagen: „Ich hatte mein Philologiestudium aus Liebe zur deutschen Dichtung begonnen, trieb nebenbei etwas Philosophie, Sanskrit, Indogermanistik, ohne je ernsthaft nachzudenken, was ich im Leben damit anfangen würde" (Unser Auftrag, S. 31 f.). In dieser Offenheit für alles Geistige und die eigene Zukunft lernte er den Wiener Rudolf Allers (1883–1963) kennen und wohnte bei ihm. Balthasar erwähnt ihn in seinem Rechenschaftsbericht aus dem Jahr 1965 eigens als denjenigen, unter dessen Einfluß er sich mehr und mehr der Theologie zuwandte: „Dem Studenten in Wien war die Freundschaft mit Rudolf Allers, Arzt, Psychiater, Philosoph und Theologe (er hat Thomas übersetzt und Anselms sämtliche Werke), ein fast unerschöpflicher Quell von Anregung. Gegner Freuds, hat er in freier Nachfolge Alfred Adlers den Blick für die mitmenschliche Liebe als das objektive Medium menschlicher Existenz gehabt und mitgeteilt, in dieser Wende vom Ich weg zur Wirklichkeit voller Du lag für ihn die philosophische Wahrheit und psychotherapeutische Methode" (Mein Werk, S. 70). Die Hinwendung zur Wirklichkeit des Du wird in der Tat Balthasars metaphysischen und theologischen Ansatz zutiefst charakterisieren: Bei der überraschenden und vom Ich nicht vorab bestimmbaren Begegnung mit dem Du Christi muß alle Theologie ihren Anfang nehmen und in diese Begegnung hineinführen. Allers hatte diese Hinwendung zum Du Jesu selbst in Form seiner Konversion zur katholischen Kirche vollzogen. Die gemeinsamen Abende in Wien gehörten immer wieder der Musik: „wir [spielten] abends meist eine ganze Mahlersymphonie vierhändig durch" (Unser Auftrag, S. 31). Nach dem Anschluß Österreichs emigrierte Allers mit seiner Familie in die USA und unterrichtete an der *Catholic University of America* sowie an der *Georgetown University*.

Zum künftigen Studium der Theologie weisen Balthasar ebenfalls Vorlesungen über Plotin, die er in Wien bei Hans Eibl (1882–1958) hört, der seit 1925 u. a. Philosophiegeschichte las und als Augustinus-Kenner galt. Wenn man Balthasars Ausführungen über den Philosophen Plotin liest, der zwar im 3. Jahrhundert lebte, aber nicht mit dem Christentum in Berührung stand, kann man in etwa nachvollziehen, inwiefern er ihm die Augen für die Theologie öffnete.

Zu Plotin vgl. HANS URS V. BALTHASAR, *Herrlichkeit. Eine theologische Ästhetik,* 7 Bde., 1961–69 (Kurztitel = **Herrlichkeit**), hier Bd. III/1, S. 252–281; vgl. auch WERNER LÖSER, *Im Geist des Origenes. Hans Urs von Balthasar als Interpret der Theologie der Kirchenväter,* 1976, S. 75–83., (Kurztitel = **Löser**).

Balthasar versteht Plotins Denken als Bündelung der griechischen Mythen und Philosophien, durch welche die faktisch größte Annäherung an den christlichen Gottesbegriff und die Schöpfungstheologie erreicht wird. Das Absolute wird als sich verströmende Güte verstanden. In allem, was lebt, in aller Schönheit, die Balthasar in der Musik und Literatur entdeckt, scheint ihm die sich verströmende Güte und Herrlichkeit Gottes hindurch. Musik und Literatur offenbaren das Göttliche, das jedoch über allem bleibt und gerade deshalb in seiner Erhabenheit über alles Endliche diesem zugleich auch innerlich sein kann, und zwar in einer unendlich intensiven Weise, die jede Form von Nähe übersteigt, die unter endlichen Größen oder unter Menschen möglich ist. Balthasars Lehre von der Dreifaltigkeit wird genauer klären, wie Gott zunächst in sich bereits verströmende Liebe ist und sich darum nach außen hin in voller Freiheit verströmen kann.

Eine Neuausgabe (1998) unter demselben Titel enthält auch Balthasars *Bekenntnis zu Mozart* von 1955.

1925, gerade einmal zwanzig Jahre alt, publiziert Hans Urs von Balthasar seine erste Schrift über *Die Entwicklung der musikalischen Idee;* in diesem *Versuch einer Synthese der Musik* begreift er die Kunst als eine Weise menschlicher Aktivität, durch die das Göttliche zugänglich, ja, geradezu ein- und zugeordnet wird (Guerriero, S. 36).

Also auch die Kunst führt Balthasar zur Theologie, ist doch das Endziel und Maximum der Kunst „die größtmögliche Objektivation des Metaphysischen, des Göttlichen". Diese sich verstärkende Ausrichtung auf die Theologie hindert ihn aber nicht daran, in alle geistigen Strömungen einzutauchen, die Wien zu bieten hat: „In Wien faszinierte mich einerseits Plotin, anderseits waren die Kontakte mit psychologischen, auch freudianischen Kreisen unumgänglich, der zerrissene Pantheismus Mahlers rührte mich an, Nietzsche, Hofmannsthal, George traten ins Geschichtsfeld, die Weltuntergangsstimmung eines Karl Kraus, die offensichtliche Korruption einer zur Neige gehenden Kultur" (Prüfet alles, S. 33). Andere wären mit der gleichen Offenheit und Sensibilität für die verschiedensten geistigen Bewegungen vielleicht gefährdet gewesen, den inneren Kompaß zu verlieren. Balthasars Glaube vermag die Geister in ihren Letzthaltungen zu unterscheiden und läßt ihn entsprechend innerlich Stellung nehmen, was ihm später ermöglicht, seine Theologie im Gespräch mit allen entscheidenden Exponenten der abendländischen Geistesgeschichte zu gestalten, und dabei auch nach Asien zu schauen.

Die Kombination von Literatur und theologischem Interesse verkörperte insbesondere der italienischstämmige Mainzer Priester Romano Guardini (1885– 1968), der 1923 vom Preußischen Kultusministerium eine Professur für Religionsphilosophie und katholische Weltanschauung an der ansonsten liberal-protestantisch geprägten Berliner Universität angeboten bekommen hatte, damit beim Studium der verschiedenen Weltanschauungen die katholische nicht übergangen werde.

Vgl. JOACHIM REBER, *Romano Guardini begegnen*, 2001, S. 74–91. Seiner Begegnung mit Guardini hat Balthasar ein eigenes Werk gewidmet: *Romano Guardini. Reform aus dem Ursprung*, 1970.

Guardini hatte damit begonnen, die Eigenart der katholischen Sicht der Dinge von markanten Repräsentanten der Geistesgeschichte her zu erschließen. Nichts lag für Balthasar näher, als von Wien in die preußische Metropole zu wechseln – wenn auch nur für das Wintersemester 1926/27 –, um dort seine literarisch-theologischen Interessen weiter zu verfolgen. Im übrigen hatte Berlin auch in Germanistik und Religionsgeschichte einiges zu bieten, z. B. die Vorlesungen des Indologen Helmuth von Glasenapp (1891–1963), der seit 1924 in Berlin las. Der Wechsel des Studienortes entsprach ferner dem väterlichen Vorbild und Balthasars Vorhaben, neue akademische Erfahrungen zu machen.

Insbesondere den dänischen Theologen Sören Kierkegaard (1813–1855) hat Guardini dem Studenten aus der Schweiz erschlossen. Von Guardinis theologischer Auseinandersetzung mit Literatur und Philosophie ist der Weg zur Doktorarbeit Balthasars gedanklich kurz; zum Wintersemester 1927/28 kehrt er an die Universität Zürich zurück und legt seine Dissertation bei dem Germanisten Robert Faesi (1883–1972) vor. Am 27. Oktober 1928 besteht er das Doktorexamen. Sein Doktorvater schreibt 1937, anläßlich der Veröffentlichung des ersten Bandes der *Apokalpyse*, in der *Neuen Zürcher Zeitung*: „Balthasars Werk ist eines, das hohe Ansprüche stellt, aber auch hohe Ansprüche befriedigt“ (Unterwegs, S. 88, Anm. 25).

„Wie vom Blitz getroffen" - die Berufung

Im Sommer 1927, noch vor dem Abschluß seiner Dissertation, entschließt sich Hans Urs von Balthasar, an einem dreißigtägigen Exerzitienkurs, den der Jesuit Friedrich Kronseder für Laien anbot, im Kloster Himmelspforte in Wyhlen (heute: Grenzach-Wyhlen) bei Basel teilzunehmen. Der Gründer des Jesuitenordens, der Baske Ignatius von Loyola, hatte diese *Geistlichen Übungen (Exerzitien)* aufgrund seiner eigenen Erfahrung entwickelt. Dem adeligen, ehrgeizigen Ritter und Frauenhelden wurden bei der Belagerung der Zitadelle von Pamplona im ehemaligen Königreich Navarra, das jetzt zu Spanien gehörte und nach dem die Franzosen ihre Hand ausstreckten, im Mai 1521 die Beine zerschossen. Zur Bettruhe im Heimatschloß Loyola verurteilt, versucht er sich die Zeit mit der Lektüre von Ritterromanen zu vertreiben, die ihm sein heroisches Lebensideal vor Augen führten; er wollte stets mehr gelten *(valer más)*. Als der Lesestoff ausging, griff er, um der Langeweile zu entgehen, zu einem Betrachtungsbuch des Lebens Jesu und zu Heiligenlegenden. Dabei machte er eine verblüffende Erfahrung: nach der Lektüre der Heiligenviten fühlte er sich getröstet und von einer tiefen Freunde erfüllt. Die Ritterromane erregten ihn zwar zunächst mehr, ließen aber letztlich einen geistig schalen Geschmack zurück, weder Trost noch bleibende Freude stellten sich ein, vielmehr eine Mißstimmung. Ignatius beschloß, sein Leben radikal zu ändern. Er ging zum Marienheiligtum auf dem Montserrat in der Nähe Barcelonas, übergab seine Waffen der Gottesmutter und suchte am Fuß des Berges in Manresa nach Einsicht. Nach vielen Zweifeln, skrupulösen Anfechtungen trotz vieler Beichten und Selbstmordgedanken wurde ihm plötzlich eine innere Erfahrung zuteil, die ihn sein Leben, das Geheimnis Gottes und die Nachfolge Jesu schlagartig verstehen ließ. Das Exerzitienbuch erwuchs aus diesem Erlebnis. In einer vierwöchigen Zeit der Stille und Besin-

nung will es den Teilnehmer das Leben Christi vor Augen führen, um schließlich eine Wahl für das zukünftige Leben treffen zu können. Jene inneren Trosterfahrungen, die Ignatius selbst die Richtung wiesen, sollen dabei helfen. Ignatius handelt deshalb über die *Unterscheidung der Geister:* Es gilt den Weg zu finden (oder auch wiederzufinden), auf den der Geist Gottes den Menschen ziehen (oder zurückführen) möchte.
Balthasar machte diese Exerzitien zur rechten Zeit; seiner stupenden geistigen Offenheit für Geisteswissenschaften und Kunst fehlte noch die innere Lebens- und Berufsform, ein Ziel. An einen Ordenseintritt oder den Priesterberuf dachte er in dieser Zeit noch nicht (Henrici, S. 23). Plötzlich, ähnlich wie bei Ignatius, trifft ihn eine innere Geisterfahrung:
„Noch heute, nach dreißig Jahren, könnte ich auf dem verlorenen Waldweg im Schwarzwald unweit von Basel den Baum wiederfinden, unter dem ich wie vom Blitz getroffen wurde. Ich war damals Student der Germanistik und folgte einem Exerzitienkurs für Laienstudenten. In diesen Kreisen wurde es als ein Unglück betrachtet, wenn einer sich absetzte, um Theologie zu studieren. Doch es war weder die Theologie noch das Priestertum, was damals blitzartig vor meinen Geist trat; es war einzig und allein dies: Du hast nichts zu wählen, du bist gerufen; du wirst nicht dienen, man wird sich deiner bedienen; du hast keine Pläne zu machen, du bist nur ein kleines Steinchen in einem Mosaik, das längst bereitsteht. Ich brauchte nur ‚alles zu verlassen und nachzufolgen', ohne Pläne zu machen, ohne Wünsche und Einsichten: ich brauchte nur dazustehen und zu warten und zuzusehen, wozu man mich brauchen würde. Und so geschah es; und wenn mir der Gedanke aufstieg, daß der liebe Gott mir einen sicheren Ort angewiesen und mich mit einer klar umrissenen Sendung begabt hatte, so stellte ich doch fest, daß Er frei war, das Ganze in einem Augenblick, trotz der Ansicht und Angewöhnung des Werkzeugs, das ich war, über den Haufen zu werfen. Bemerkenswert bleibt dabei allein, daß mir dieses Lebensgesetz, das uns zerbricht und im Zerbrechen heilt (wie das Bein des hl. Ignatius), schon ganz zu Beginn als eine Art unsichtbares Lebensthema erschien.

Es wird wohl für den ungeduldigen Rabbiner Saul nicht anders gewesen sein“ (Guerriero, S. 400f.). Balthasar vergleicht seine plötzliche Berufung mit der des Saulus/Paulus oder der des Zöllners Levi, weil sie ihnen ebenso unabhängig von jedem Verdienst zuteil wurde und „wegen ihrer Ignoranz“ nicht anders erfolgen konnte (Henrici, S. 23; Guerriero, S. 399f.). Sein Leben lang wird Balthasar selber Exerzitienkurse halten. Aus ihnen erwachsen viele Berufungen, Mitglieder des Jesuitenordens, der Johannesgemeinschaft und entschiedene christliche Eheleute (vgl. dazu Krenski, S. 163ff.).
Die Zeit der Lebensentscheidung für Balthasar ist noch durch zwei weitere Ereignisse kennzeichnet. Seine Schwester Renée tritt bei den Franziskanerinnen von Sainte Marie des Anges ein. Die französische Gemeinschaft widmet sich vor allem der Betreuung und Seelsorge in Kliniken sowie dem Unterricht. Renée wird als Schwester Marie de St. François Englischlehrerin, ist ab 1958 in England in einem ökumenischen Zentrum tätig, von 1971–1983 leitet sie als Generaloberin die Kongregation, sie stirbt am 8. Dezember 1986. Die Entscheidung der Schwester hat Balthasar sicherlich in seinen Überlegungen mitbestimmt. Wie schon erwähnt, liegt 1928 auch seine Mutter todkrank danieder, deren Gebet er ebenfalls hinter seiner plötzlichen Berufung erkennt. Ihr Tod motiviert ihn, mit seiner Berufung Ernst zu machen.

Das Zweitstudium mit vollgestopften Ohren

Im Herbst 1929 kehrt er an den Ort seiner Schulzeit, zu den Jesuiten nach Tisis bei Feldkirch, zurück, um dort für die oberdeutsche Provinz als Postulant seinen Weg auf den Spuren des hl. Ignatius zu beginnen. Obwohl die Musik wieder schweigen muß, teilt er im Sommer 1930 seinem Vater mit, daß er bereits Teile einer Messe komponiert habe; der Erfolg sei allerdings weniger berauschend: „Das ‚Tantum ergo‘ wurde … so falsch gesungen, daß es nicht mehr aufgeführt wird“ (Guerriero, S. 44). Balthasar macht erneut die Erfahrung des sprichwörtlich gewordenen *Jesuita non cantat:* Jesuiten singen nicht. Nach den zwei Jahren Noviziat und den ersten zeitlichen Gelübden folgt das Philosophiestudium in Pullach bei München. Und auch der Jesuit Balthasar singt wieder zusammen in einem recht bunt zusammengewürfelten Kreis junger Männer aus vielen Teilen Europas.

Aber eine andere „Wüste“ breitet sich vor ihm aus, in der er, wie er sich ausdrückt, „schmachten“ muß, und die er dennoch zu durchqueren hat: die „Wüste der Neuscholastik“ (Mein Werk, S. 70). Immerhin weiß Peter Henrici mitzuteilen, daß die damaligen Lehrer eine gewisse Offenheit für moderne Fragestellungen besaßen (Henrici, S. 24).

Scholastik bezeichnet die Form, in die das Mittelalter den Glaubensinhalt mit Hilfe der Philosophie brachte. Um ihre Erneuerung bemüht sich seit dem 19. Jh. die **Neuscholastik**. Eine lebendige Auseinandersetzung mit der Moderne gelingt eher durch ein schöpferisches Überschreiten ihrer Grenzen, vgl. MICHAEL SCHULZ, *Karl Rahner begegnen*, 1999, S. 87–99.

Spätestens in München, vermutlich schon zuvor im Sommer 1927 in Wyhlen, lernt Balthasar den Jesuiten und Religionsphilosophen Erich Przywara (1889–1972) persönlich kennen; literarisch hatte Balthasar Przywara bereits zur Kenntnis genommen (vgl. Besprechung, S. 511). Przywara führt den Dialog mit zeitgenössischen Philosophen, jüdischen Gesprächspartnern und evangelischen Theologen, um das katholische Denken aus einer gewissen Selbstisolierung zu führen, was seine 800 Veröffentlichungen dokumentieren. Von 1922 bis1941 war er Redakteur der Jesuiten-Zeitschrift *Stimmen der Zeit*, die sich um das Gespräch mit der Kultur der Gegenwart bemühte, bis sie zunächst von den Nazis verboten wird. Balthasar sollte später selber bei dieser Zeitschrift mitarbeiten und zwei Jahre mit Przywara zusammenleben. Im Johannesverlag wird er drei Bände Przywaras herausgeben, darunter die berühmte *Analogia Entis*.

MANFRED LOCHBRUNNER, *Besprechung v. Krenski*, in: *Theologische Revue* 92 (1996), S. 510–512 (Kurztitel = **Besprechung**).

In diesem Werk zeigt Przywara, daß wir Gott immer nur in seiner je größeren Unähnlichkeit erkennen können, aber eine Erkenntnis Gottes immer auch möglich bleibt, weil der Gott *über allem* zugleich der Gott *in allem* ist. Auch wenn wir zu Recht von Gott sagen, er *ist*, existiert, so bleibt doch festzuhalten, daß wir das, was *Sein* in bezug auf Gott bedeutet, niemals erschöpfend erfassen können. Darum ist unsere Aussage *Gott ist* eine *analoge* Aussage. Sie erfolgt *gemäß (ana-)* einem *Logos*, einem Begriff oder Grund – in diesem Fall dem Sein, das im Endlichen anzutreffen ist, jedoch bei seiner begrifflichen Übertragung auf Gott eine nicht mehr faßbare Bedeutung gewinnt. Das analoge Denken will also der stets größeren Wirklichkeit Gottes entsprechen.

Der reformierte Basler Theologe **Karl Barth** (1886–1968) zählt zu den bedeutendsten Theologen des 20. Jhs. Zu seinem Einsatz für die *Bekennende Kirche* gehört auch die Verweigerung des Treueeides auf Hitler. Nach seiner Entlassung aus dem deutschen Hochschuldienst (1934) lehrte er in Basel. Hauptwerk: *Kirchliche Dogmatik* (1932–67).

Der evangelische Theologe Karl Barth hatte jedoch in dieser philosophischen Sprechweise von Gott die gegenteilige Gefahr gesehen, nämlich den Versuch, durch einen Seinsbegriff Gott in den Griff zu bekommen. Nach Barth wiederholt das analoge Denken die Sünde Adams, so sein zu wollen wie Gott, sich auf eine Stufe mit Gott zu stellen. Er hat deshalb in seiner *Kirchlichen Dogmatik* (Bd. 1, S. VIII) die Analogielehre als Erfindung des Antichristen abgelehnt; er sieht in ihr einen Grund, niemals katholisch werden zu können. Barth entschied sich stattdessen für die *Analogie des Glaubens* allein *(analogia fidei)*. Damit ist gemeint, daß unsere Begriffe nur deshalb Gottes Wirklichkeit entsprechen können, weil Gott in seiner Offenbarung unsere Sprache zu sich selbst in eine mögliche Entsprechung gesetzt hat.

EBERHARD JÜNGEL, *Gott als Geheimnis der Welt*, 1977, S. 357, S. 385.

Ein Schüler Barths, der evangelische Dogmatiker Eberhard Jüngel (*1934), hat darauf aufmerksam gemacht, daß die Analogielehre, wie Przywara sie darlegt, genau dem Gegenteil dessen dient, was Barth ihr unterstellt. Doch dieses „Entgegenkommen" evangelischerseits zielt erneut auf eine Ablehnung der Analogie, weil diese dazu verführe, Gott – trotz seiner Offenbarung und Nähe zum Menschen – in eine unbekannte und unheimliche Ferne zu rücken.

Balthasar wird sowohl mit Przywara als auch mit Barth um ein rechtes Verständnis der Analogie ringen. Er macht deutlich, daß die Betonung der je größeren Unähnlichkeit und Andersheit Gottes nicht auf eine Art „frommen Atheismus" hinausläuft, erst recht nicht nach der nun einmal ergangenen Offenbarung Gottes. Anderseits sind wir auch tatsächlich nicht berechtigt,

Gott in unsere Begriffe hineinzuzwängen. In der Offenbarung zeigt sich Gott als der ganz Andere, weshalb er auch in ganz anderer Weise dem Menschen nahe zu sein vermag. In der je größeren Unähnlichkeit liegt nicht der Grund für eine von Jüngel unterstellte Ferne Gottes, sondern für eine alles überbietende Nähe (Theologik II, S. 80–113, 247 f.).

Hans Urs von Balthasar, *Theologik*, 3 Bde., 1985–1987 (Kurztitel = **Theologik**).

Aber noch stehen diese schwerwiegenden Debatten nicht auf der Tagesordnung des jungen Jesuiten. Balthasar jedenfalls fand in Przywara, der während des Krieges auch als Akademikerseelsorger in München, Wien und Berlin tätig war, einen geistigen Beistand und unerbittlichen Mentor, der einen zwang, „die Schulphilosophie in Gelassenheit zu lernen und darüber hinaus sich (wie er es tat) mit allem Modernen zu befassen, Augustinus und Thomas mit Hegel, mit Scheler, mit Heidegger zu konfrontieren" (Prüfet alles, S. 11). Diesen Weg, Bewährtes und Aktuelles gleichermaßen zu berücksichtigen, beschritten recht viele Jesuiten, die durch ihre philosophischen und theologischen Schriften hervorgetreten sind, sowie andere herausragende katholische Denker: Pierre Rousselot, Joseph Maréchal, Karl Rahner, Gustav Siewerth, Johannes Baptist Lotz, Henri de Lubac, Max Müller, Edith Stein, Marie-Dominique Chenu, Yves Congar, Étienne Gilson, Emerich Coreth, Walter Kern, Jörg Splett … und eben auch Przywara selbst. Vor allem regt er Balthasar zu einer Übersetzung des Psalmenkommentars von Augustinus (354–430) an, sowie eine Auswahl wichtiger Texte dieses Kirchenvaters zu veröffentlichen.

Den Kirchenvätern, Mystikern, Dichtern und Theologen wird Balthasar später mit zwei Reihen des Johannesverlags ein eigenes Forum widmen. *Aurelius Augustinus. Über die Psalmen,* 2. Aufl. 1983; *Aurelius Augustinus. Das Antlitz der Kirche,* 2. Aufl. 1991.

Dazu las Balthasar während der Vorlesungen „mit zugestopften Ohren den ganzen Augustinus" durch (Henrici, S. 26). Doch das geschah schon in Frankreich, in Fourvière, oberhalb von Lyon auf einer Anhöhe gelegen, wo Balthasar ab Herbst 1933 Theologie studierte. Im Frühjahr zuvor hatte sein Vater zum zweiten Mal geheiratet: Adele Marie von Moos, eine gute, langjährige Bekannte der Familie.

Fourvière, ältester Stadtteil Lyons mit der Basilika Notre-Dame, dem Wahrzeichen der Stadt. Vom 19. Jh. bis 1974 Jesuiten-Kolleg.

Kirchenväter contra Fußball

Die Rede von den zugestopften Ohren während der Vorlesungen läßt unschwer erraten, daß es nach Balthasars Einschätzung auch in Fourvière nicht viel spannender zuging als in Pullach. Das aber entschädigten viele Kontakte mit Kommilitonen und vor allem die Begegnung mit einem Professor, dem Jesuiten Henri de Lubac (1896–1991). Lubac las zwar nicht „oben" in Fourvière, in der Jesuitenhochschule, sondern seit 1929 „unten" in der Stadt, an der theologischen Fakultät der Katholischen Universität Lyon; seit 1934 wohnte er aber „oben" im Jesuitenkolleg. Faktisch war er der Professor der Jesuitenkommunität. Viele besuchten ihn und diskutierten mit ihm, erinnert sich der ehemalige Student und spätere Philosophieprofessor Xavier Tilliette: Lubac „selbst ging es nie darum ‚Jünger' zu haben – ‚Einer ist euer Meister' –, wohl aber eifrige Theologen zu erwecken; ihr Studium sollte ihr Dasein formen, sie zu Zeugen Christi erziehen. Aus diesem leisen, unscheinbaren Lehrgang erwuchs, was man die ‚Schule von Fourvière' nennen mag. Aber wer wird diesen theologischen Frühling schildern, der kurz vor und während der grausamen Kriegsjahre dort geblüht hat? Im Grunde war es gar keine ‚Schule', noch viel weniger eine ‚neue Theologie', sondern die alten, dem christlichen Ursprung nahen Quellen der Väter begannen wieder zu sprudeln und ergossen sich in vielen Strömen (...). Der Meister war ein Leidender, der vom Ersten Weltkrieg eine schwere, seine Arbeit tage- und wochenlang behindernde Kopfverwundung mit heimgebracht hatte. Oft genug trafen wir ihn im Lehnstuhl oder auf seinem Bett ausgestreckt, kaum fähig zu sprechen. Wir verschlangen seine Bücher (...). Aus einer einzigen zentralen Vision wuchs sich sein Werk nach allen Seiten aus, wie ein freistehender Baum seine Äste ausbreitet. Er legte großen Wert auf die beim Beginn des Theologiestudiums erforderliche ‚Bekehrung des Herzens'. Er verlangte mit Nachdruck Objektivität, Unterwerfung unter das Gegebene; und, wo dieses das von

Xavier Tilliette, *Henri de Lubac achtzigjährig*, in: *Internationale kath. Zeitschrift „Communio"* 5 (1976), S. 187–189. Vgl. die sehr hilfreiche Einführung von Rudolf Voderholzer, *Henri de Lubac begegnen*, 1999.

Gott Geoffenbarte ist, unter das Mysterium.“ Balthasar übernimmt diese Einstellung Lubacs; Spiritualität und Theologie sind voneinander nicht zu trennen.

Prägend war insbesondere Lubacs Studium der Kirchenväter; aus deren Quellen sollte die Theologie ein neues, frisches Gesicht erhalten. 1985 berichtet Balthasar über seine Eindrücke: „Zum Glück und zum Trost wohnte Henri de Lubac im Haus, der uns über den Schulstoff hinaus auf die Kirchenväter verwies und uns allen seine eigenen Aufzeichnungen und Exzerpte großherzig auslieh. So kam es, daß ich, während die andern Fußball spielen gingen, mit Daniélou, Bouillard und ein paar wenigen andern (Fessard war schon nicht mehr da) hinter Origenes, Gregor von Nyssa und Maximus saß und auch je ein Buch über die verfaßte“ (Prüfet alles, S. 11 f.). Ungewöhnlich ist weniger, daß ein Theologiestudent der Lektüre den Vorzug vor dem Fußball gibt. Das Ungewöhnliche bei Balthasar liegt vielmehr darin, daß aus seiner Lektüre gleich wieder wichtige Bücher erwachsen. Das markiert den Unterschied. 1936 erscheint ein sehr umfangreicher Aufsatz über das Geheimnis im Werk des Origenes († 253/54), gefolgt von einer Textauswahl samt Einführung.

HANS URS VON BALTHASAR, *Origenes. Geist und Feuer* (1938), 2. Aufl. 1952. Zur Bedeutung des Origenes im Werk Balthasars vgl. Löser, S. 83–99.

1939 veröffentlicht Balthasar Auszüge aus dem Kommentar Gregors von Nyssa (um 335 –394) zum Hohenlied.

HANS URS VON BALTHASAR, *Der versiegelte Quell*, 3. Aufl. 1983. Umfangreicher: *Présence et Pensée. Essai sur la Philosophie Religieuse de Grégoire de Nysse* ,1942.

1941 ehrt Balthasar Maximus Confessor (580–662) durch zwei Veröffentlichungen, die einen der wichtigsten Theologen der Übergangszeit von der Antike zum Mittelalter bekannt machen.

Balthasars Beschäftigung mit der Theologie der Kirchenväter und besonders mit Maximus ist für seine späteren Entwürfe wegweisend: Immer geht es um das Ganze der Theologie. Das ist vor allem an der Christologie des Maximus ablesbar. Sein Beiname „der Bekenner“ verweist nämlich auf seinen auch Folter und Tod nicht scheuenden Einsatz für die christologische Einsicht in die Realität des menschlichen Wil-

Die Maximus-Confessor-Titel werden 1961 zu *Kosmische Liturgie. Das Weltbild Maximus des Bekenners* verschmolzen.

lens Jesu, den andere meinten, ganz in den göttlichen Willen des Sohnes hinein aufheben zu müssen. Diese *Monotheleten* (Anhänger der „Ein-Wille-Partei") gefährdeten die bereits von Paulus formulierte Erkenntnis, daß Christus mit seinem menschlichen Willen das ganze Gesetz, das ist: den Willen Gottes voll und ganz erfüllt hat. In dieser von Christus verwirklichten Einheit des menschlichen Willens und des göttlichen Heilswillens liegt gerade das Heil der Menschheit: Jesus richtet die durch den Willen Adams zerstörte Einheit mit dem Heilswillen Gottes wieder auf. Sieht man vom menschlichen Willen Jesu ab, löst man die Bedeutung seines stellvertretenden Handelns und seines Opfers zum Heil aller auf.

Wie viele Ziele braucht der Mensch?

Im Rückblick ist es Balthasar auch schleierhaft, wie sich mit Lyon die Fama von der *Nouvelle théologie* verbinden konnte, da ihm eben vieles eher alt und verstaubt vorkam. Allerdings war zur Zeit seines Aufenthalts bis 1937 die Auseinandersetzung um diese „Neue" Theologie, die Lubac 1950 seinen Lehrstuhl kostete, noch nicht entbrannt; sie begann erst in den 40er Jahren. Die Weichen im Denken Lubacs waren aber bereits gestellt, was Balthasar spürte und denen auch er folgen wird. Ironischerweise wollten diejenigen, denen man – wie Lubac – das Etikett *Nouvelle théologie* aufklebte, überhaupt nicht neu oder modern in einem platten Sinn sein. Es ging ihnen gerade um Altes, das jedoch vergessen schien zugunsten von etwas Neuem, was den Kritikern hingegen als das Alte und zu Bewahrende galt. Worum drehte sich die Kontroverse, die auch Balthasar leidenschaftlich interessierte, ohne daß er von ihr direkt betroffen wurde?
Lubac beschäftigte sich mit der Frage nach der letzten Bestimmung des Menschen. Er kam zu der Überzeugung, daß der Mensch von Natur aus – also als Mensch – zur übernatürlichen Gnadengemeinschaft mit Gott berufen sei. Diese Überzeugung sprach aus den Texten der Kirchenväter und auch

aus denen des Gewährsmanns neuscholastischer Theologie, Thomas von Aquin. Im 16./17. Jahrhundert hatte sich jedoch ein Wandel in der Gnadentheologie vollzogen, so daß man auch Thomas in einem anderen Licht las.

Thomas von Aquin (1224/25–1274), Dominikaner, Kirchenlehrer; gilt unbestritten als bedeutendster Theologe der Scholastik und darüber hinaus.

Thomas studierte bekanntlich Aristoteles. Nach Aristoteles ist jede Natur auf ein Ziel hin ausgerichtet, das mit den Kräften der Natur, sei es die einer Sache oder eines Lebewesens, im Prinzip erreicht werden kann. Dem Hunger entspricht etwas Eßbares; das Auge, das auf das Sehen ausgerichtet ist, erreicht sein Ziel im Licht der Sonne. Der Mensch sei auf Gottes Anschauung hin ausgerichtet, behauptet Thomas nun, und von Natur aus der Gnade Gottes fähig. Doch er fügt hinzu, daß der Mensch aus eigener Kraft dieses Ziel nicht erreichen könne: Die Gnade der ewigen Gemeinschaft mit Gott ist freies Geschenk.

In diesem Punkt unterscheidet sich Thomas von Aristoteles, dessen Naturbegriff ja gerade vorsieht, daß das Ziel dank der eigenen Natur erreicht werde. Thomas verändert also den aristotelischen Naturbegriff, so daß die natürliche Ausrichtung des Menschen auf Gottes Gnade keineswegs Gott unter Druck setzt, dem Menschen diese Gnade auch zu gewähren. Im Gegenteil, Lubac unterstreicht, daß eine „erpreßte“ Gnade nicht mehr das sei, wonach der Mensch gerade verlange: nach einem sich aus freien Stücken dem Menschen zuwendenden Gott.

Im 16./17. Jahrhundert verstand man die Vorstellung von der Ausrichtung des Menschen auf die freie (!) Gnade Gottes nicht mehr ohne weiteres. Wie Aristoteles sah man eine strenge Entsprechung zwischen Natur und Ziel. Einer *natürlichen* Sehnsucht des Menschen nach Gott könne darum nur ein *natürliches* Ziel entsprechen, keinesfalls aber die *übernatürliche* Gnadengemeinschaft. So entwickelte sich allmählich die „neue“ Vorstellung, daß es ein natürliches Ziel des Menschen gebe, eine Art natürlicher Seligkeit, die auch den ungetauft sterbenden Kindern zuteil werde. Darüber hinaus gebe es eine „hinzuaddierte“ übernatürliche Ausrichtung des Menschen auf das übernatürliche Ziel der Gnade hin.

Danach lebt der Mensch gewissermaßen in zwei Ordnungen, deren innere Verbindung kaum mehr verständlich wird, wie noch nach der „alten", aber nicht mehr recht verstandenen Vorstellung des hl. Thomas. Hinter dieser veränderten Auffassung stand freilich kein irgendwie böser Wille, Thomas zu verfälschen. Vielmehr wollte man einer Augustinus-Deutung den Wind aus den Segeln nehmen, die auch das Lehramt zurückgewiesen hatte. Die Theologen Bajus (1513–1589) und Jansenius (1585–1638) hatten gemeint, dann am besten auf Martin Luthers Gnadentheologie eine katholische Antwort formulieren zu können, wenn sie wie er an Augustinus anknüpften. Dabei schufen sie aber einen *Augustinismus,* der mit dessen Lehre nicht ohne weiteres deckungsgleich ist. In großer gedanklicher Nähe zu Luther verschmolzen sie Gnade und menschliche Natur. Wenn Jesus den Jüngern sagt „getrennt von mir könnt ihr nichts vollbringen" (Joh 15,5), dann heißt das im Sinne jenes Augustinismus: Getrennt von Gott durch die Sünde Adams vermag der Mensch einfach gar nichts mehr; nicht nur die Gnade hat er verloren, auch seine Natur ist ruiniert, weshalb sogar moralisch tadellose und lobenswerte Taten von Heiden Sünde seien. 1567 wendet sich Papst Pius V. gegen diese extreme Auffassung. Um die kirchliche Ablehnung dieses Augustinismus sozusagen wasserdicht zu machen, entwickelte man die Idee von der *natura pura,* von der Abstraktion einer „reinen" Natur des Menschen, und meinte damit den Wesenskern des Menschen, der aber als solcher nie in der Realität anzutreffen ist: Immer ist die Natur des Menschen schon durch die Sünde oder die Gnade mitbestimmt, nie erlebt sich der Mensch nur als reine Natur, weshalb es schwierig ist, genau zu bestimmen, was die Natur des Menschen ohne Gnade bzw. ohne Sünde ist. Dennoch bemühten sich viele Theologen darum, diese reine, abstrakte, im konkreten Leben so nicht gegebene Natur des Menschen zu definieren. Das geschah nun im Rahmen eines wiederum veränderten Naturbegriffs, der erneut Aristoteles aufgriff, aber nicht

Augustinus (vgl. S. 29) wird zu Recht *Lehrer der Gnade* genannt. Er legte dar, daß der Mensch unter der Macht der Sünde nicht in der Lage ist, ohne die seinem Tun zuvorkommende, ihn innerlich verändernde und seinen freien Willen wieder aufrichtende Gnade Christi Gottes Heilswillen zu verwirklichen und so sein Heil zu erlangen.

mehr dem theologischen Naturbegriff des hl. Thomas entsprach. Folglich war es konsequent zu betonen, daß die natürliche Ausrichtung des Menschen auf Gott keine Ausrichtung auf dessen Gnade darstelle, denn diese müßte dann vom Menschen aus auch zu erreichen sein, Gott müßte sie dem Menschen etwa aufgrund bestimmter Werke gewähren. Also sprach man von jenem erwähnten natürlichen Endziel des Menschen, das man in einer wie auch immer näher vorzustellenden natürlichen Seligkeit sah. Die extreme Trennung zwischen Natur und Übernatur bzw. Gnade führte damit zu einer Art geistigen Spaltung. Auf der Ebene der Natur des Menschen geht alles eben immer natürlich zu. Eine Erfahrung der Gnade zu machen, wie dies von Ignatius etwa in Form des Trostes beschrieben wird, schien theologisch unmöglich zu sein. Der zweiten Ebene der Gnade war ein erfahrungsunabhängiger Glaube zugeordnet. Die Natur wurde im Verhältnis zur Gnade nur als rein passive Größe betrachtet oder sogar nur negativ bestimmt, als der Gnade lediglich nicht widerstreitende Offenheit. Die Offenbarung konnte man demgegenüber leicht als eine Art von außen kommende und äußerlich bleibende Instruktion verstehen, die der Mensch einfach im Gehorsam gegenüber der Wahrheit und Autorität Gottes anzunehmen hat, aber die ihn selbst nicht innerlich betrifft.

Mit ignatianischer Spiritualität hatte das alles nicht mehr allzuviel zu tun. Darum wundert es nicht, daß Jesuiten, die ihren Vater Ignatius ernst nahmen, zu anderen theologischen Ergebnissen kommen mußten: Henri de Lubac, Karl Rahner (1904–1984) oder dessen Bruder Hugo Rahner (1900–1968) sind hier zu nennen – aber eben auch der Jesuit von Balthasar, so sehr er sich wiederum von der Denkart Karl Rahners abhebt. Das Zweite Vatikanische Konzil (1962–1965) hat schließlich die Forschungen de Lubacs bestätigt, indem es von der einen letzten Berufung des Menschen gesprochen hat, und zwar von der göttlichen. Das heißt, der Mensch hat nur und braucht auch nur ein Ziel: Gottes *freie* Gnade.

Pastorale Konstitution über die Kirche in der Welt von heute „Gaudium et spes", Art. 22, in: *Kleines Konzilskompendium,* hrsg. v. Karl Rahner u. Herbert Vorgrimler, 1966.

Bis sich diese Einsichten durchsetzen konnten und die entsprechenden geistesgeschichtlichen Hintergründe und Weichenstellungen der Gnadenlehre deutlicher vor Augen traten, mußten Männer wie Lubac einiges einstecken. Bestürzt reagiert Balthasar auf die gnadentheologische Anmerkung in der Enzyklika *Humani generis* aus dem Jahr 1950, in der Papst Pius XII. die „Neue Theologie" zu verurteilen schien. Doch Lubac fühlte sich nicht betroffen, wenn lehramtlich beanstandet wird, daß manche Theologen die Gnadenhaftigkeit der übernatürlichen Gnade zunichte machten, „da sie behaupten, Gott könne keine vernunftbegabten Wesen schaffen, ohne diese auf die seligmachende Gottesschau hinzuordnen und dazu zu berufen." Für Lubac war klar: Eine erzwungene oder notwendige Gnade wäre in der Tat nicht die, auf die der Mensch hingeordnet sein kann. Da die eine göttliche Berufung frei ist, kann man eben nicht sagen, Gott müsse den Menschen berufen und dessen Sehnsucht nach der Gnade auch automatisch mit der Gnade erfüllen. Diesen Automatismus gibt es schon unter Menschen nicht: Zwar ist jeder Mensch auf Liebe hingeordnet, aber daraus folgt keinesfalls, daß ein bestimmter Mensch einen anderen auch lieben muß. Die Sehnsucht richtet sich gerade auf das freie Geschenk der Liebe; ihre Freiheit und Unverdienbarkeit macht sie so wertvoll – und erstrebenswert. Dieses von Lubac *paradox* genannte Denken hat sich nicht nur im Denken Balthasars oder des Konzils, sondern ebenso in der Theologie durchgesetzt. Überlegungen zur „reinen Natur" des Menschen werden durch dieses *paradoxe* Denken auch nicht in jeder Hinsicht überflüssig, und zwar dann nicht, wenn sie die innere Ausrichtung des Menschen auf Gottes Gnade zeigen, die auch nochmals die Dynamik der menschlichen Natur auf Gott hin umfaßt und den Menschen für die Erkenntnis und Annahme der Offenbarung bereit macht.

Neuauflagen der alten Debatten sind eher die Ausnahme, wie etwa bei David Berger, *Thomismus,* 2001. Lubacs Gnadentheologie und Thomasverständnis, dem sich auch Balthasar anschließt, wird in diesem Buch erneut zurückgewiesen.

Dichter und Priester

In den Semesterferien weilte Balthasar immer wieder in der Ordensniederlassung in München. Er bemühte sich, seine Doktorarbeit zu jenem Gesamtwerk *Apokalypse der deutschen Seele* zu erweitern. Balthasar verdankt Lyon nicht nur seine theologische Ausbildung und entscheidende Anregungen, sondern auch die Begegnung mit Paul Claudel (1868–1955), der mit achtzehn Jahren zum katholischen Glauben gefunden hatte. Als Konsul und Botschafter in verschiedenen Ländern tätig, widmete sich Claudel vor allem der Dichtung, die, vom Glauben getragen, die Welt neu werden lassen könnte. Das Stück *Der Seidene Schuh oder Das Schlimmste trifft nicht immer zu,* entstanden zwischen 1919 und 1924, faßt seine dramatisch-katholische Weltsicht zusammen. Eine ungekürzte Aufführung verschlingt sieben Stunden. Die Leidenschaft für die großen metaphysischen und religiösen Fragen des Menschen und ihre dramatische Umsetzung hat Balthasar so sehr fasziniert, daß er das Stück 1939 nach fünf Anläufen in eine endgültig deutsche Fassung bringt.

Balthasars Übertragung von PAUL CLAUDEL, *Der Seidene Schuh* erreichte 1987 die 11. Auflage.

Im November 1943 erfolgt die Uraufführung an der Pariser *Comédie Française,* allerdings in einer gekürzten Fassung. Am 10. Juni 1944 spielt man das Stück zum ersten Mal nach der von Balthasar besorgten Übersetzung im Schauspiel Zürich.

Über Claudel gibt Balthasar im Interview von 1985 zu Protokoll: „Eine wunderbare Begegnung mit Claudel in der Stadt bleibt mir in Erinnerung; er saß in der Mitte eines Kreises von Bewunderern und strahlte förmlich wie eine Sonne Güte und Weisheit aus, auf jede törichte Frage hatte er eine blitzend gescheite, aufbauende Antwort" (Prüfet alles, S. 13f.).

Geht von Lubac eher eine inhaltliche Anregung auf Balthasars eigenes Arbeiten aus, so verdankt er Claudel viel von seiner dramatischen Methode: den Gedanken vom Welttheater, auf dem sich das Göttliche manifestiert: „Der Schauplatz der Handlung ist die Welt", so die Regieanweisung Claudels zum

Seidenen Schuh. Wie die Handlung des Dramas ganz auf die Handlungen der agierenden Personen aufbaut, auf deren Zusammenspiel und ihr Gegeneinander, auf plötzliche Wendungen und allesentscheidende Zuspitzungen, so sieht auch Balthasar die Heilsgeschichte als gottmenschliches Drama, als Zusammenspiel von göttlicher und menschlicher Freiheit – mit dem einen großen Unterschied: Beim Theaterschauspiel spielt der Regisseur nicht selber mit; beim göttlich-menschlichen Drama jedoch schlüpft der göttliche Regisseur in die Rolle des Menschen und übernimmt so unmittelbar die Verantwortung für sein Stück, in dem der Mensch durch die Sünde gleichsam aus der Rolle gefallen ist. Menschwerdung, Kreuz und Auferstehung werden zum Höhepunkt des *Theodramas*. Durch diese Konzeption gelingt es Balthasar, Theologie zum spannenden Geschehen zu machen und aus der Wüste herkömmlichen Denkens zu führen.

Zu Balthasars *theodramatischer* Methode vgl. THOMAS KRENSKI, *Passio Caritatis,* 1990, S. 80–94 (Kurztitel = **Passio Caritatis**).

Bleibt noch nachzutragen, daß sich Balthasar auch mit anderen französischen Dichtern auseinandersetzte und Werke von ihnen übersetzte. „Péguy und Bernanos sind mir unentbehrliche Lebensgefährten geworden ... Über Bernanos' Christentum schrieb ich ein dickes Buch, von Péguy übersetzte ich, was übersetzbar war" (Prüfet alles, S. 12).

Über Georges Bernanos (1888–1948) erschienen *Gelebte Kirche* (1954, 2. Aufl. 1971), Auszüge aus seinen Briefen (1951, 1953 und 1954), drei Novellen (*Eine Nacht,* 1954) u. a. Von Charles Péguy (1873–1914) ediert Balthasar *Das Tor zum Geheimnis der Hoffnung* (1943, 2. Aufl. 1980) und *Wir stehen alle an der Front* (1953).

Die vielfältigen Anregungen und geistigen Entfaltungen bündelt Balthasar in seinen Vorbereitung auf das wichtigste Ereignis in seinem Leben: die Priesterweihe, die ihm und einundzwanzig Mitbrüdern von Michael Kardinal Faulhaber (1869–1952), Erzbischof von München und Freising, am 26. Juli 1936 in der Jesuitenkirche St. Michael in München gespendet wird. Sein Cousin Peter Henrici schreibt über die erste hl. Messe des Neugeweihten: „Bei der Primiz im kleinen Familienkreis in einer Luzerner Privatkapelle hält er sich selbst die Primizpredigt (‚denn ihr wollt ja nicht wissen, wie P. Gutzwiller predigt, sondern wie ich predige'), und zwar über die Wandlungsworte, die

Richard Gutzwiller, S.J., theol. Schriftsteller und bekannter Prediger in Basel, 1896–1958.

auch auf seinem Primizandenken stehen: ‚Benedixit, fregit, deditque: Weil er segnete, brach er, und weil er brach, konnte er sich verschenken.‘ Er unterstrich dabei das Brechen mit solchem Nachdruck, daß es einem lebenslang im Gedächtnis haften blieb“ (Henrici, S. 26 f.).

Auf seine Priesterweihe hatte er sich durch die Übersetzung des Psalmenkommentars von Augustinus vorbereitet, der 1936 erschien. 1937 kam der erste Band der *Apokalyse der deutschen Seele* heraus.

Die Zeit in Lyon ging zu Ende. Zwei Jahre lang arbeitete Balthasar für die *Stimmen der Zeit* in München. Es sollte noch ein weiteres Probejahr in Pullach folgen; im Sommer 1939 begibt er sich dorthin. Unter der Leitung von P. Albert Steger macht er nochmals Exerzitien. Aber nach Hitlers Überfall auf Polen schien man es in der Ordensleitung für klüger zu halten, daß Balthasar Deutschland vorzeitig verläßt. Er wurde vor die Wahl gestellt, entweder als Professor an die Päpstliche Jesuitenhochschule *Gregoriana* nach Rom zu gehen, oder als Studentenseelsoger in Basel tätig zu werden. Es mag bei Balthasars intellektueller Begabung zunächst überraschen, aber er zog die Seelsorge in Basel der Professur in Rom vor. Diese Entscheidung bestätigt Balthasars Verständnis seiner Schriften und Gründungen: alles soll der Pastoral dienen.

Die ganz „gewöhnlichen" Aktivitäten eines Studentenpfarrers

Die Bedingungen für die freie Arbeit des Jesuiten in der Schweiz waren äußerlich betrachtet schwierig. Die oben erwähnte, verlorene Schlacht des Sonderbundes am Gotthard (vgl. S. 14 f.) warf sozusagen immer noch ihre Schatten auf die sich offiziell liberal und demokratisch gebende Verfassung, weshalb der Gesellschaft Jesu jede Arbeit in Kirche und Schule verboten war, erst recht durften keine Neugründungen erfolgen. Man arbeitete deshalb inoffiziell, vor allem in der Seelsorge. Die Jesuitenzeitschrift *Apologetische Blätter* hatte den Charakter einer „Untergrundpresse" (Henrici, S. 28). Das Noviziat verlagerte man „ins Ausland", nach Liechtenstein, nachdem auch Österreich als Teil von Hitler-Deutschland im Krieg stand, und dort die Jesuiten verfolgt wurden. Aber auch die Schweizer Repressalien gegen den Jesuitenorden hatten schon dazu geführt, daß die wissenschaftliche Ausbildung des Ordens jenseits der Landesgrenzen erfolgen mußte, so daß es unter den Schweizer Jesuiten keine Professoren gab, sondern eben vor allem engagierte Seelsorger. Umso mehr fiel der „Intellektuelle" Balthasar in diesem Umfeld auf.
Isoliert von Deutschland war die deutsche Schweiz mehr auf sich zurückgeworfen, und kirchlicherseits wandte man sich mehr dem französisch geprägten Katholizismus der *Suisse Romande* zu. Diese Situation führte zu einer eigenständigeren kulturellen Arbeit, welche die Jesuiten unterstützen konnten. Es wundert darum nicht, daß sich Balthasars Seelsorgsarbeit auch in Form einer umfangreichen Tätigkeit als Herausgeber und Übersetzer konkretisierte. Um nicht der nationalsozialistischen Barbarei und ihren Bücherverbrennungen das kulturelle Erbe europäischen Geistes widerstandslos zu opfern, gab Balthasar die *Europäische Reihe der Sammlung Klosterberg* heraus, d. h. er verstärkte und erweiterte die bereits erwähnte Arbeit, Textsammlungen (Anthologien) verschiedener Autoren zu-

sammenzustellen (Goethe, Novalis, Nietzsche, Brentano, Rudolf Borchardt, Martin Buber) und Werke französischer Schriftsteller zu übersetzen, ebenso lyrische Texte der Résistance, des französischen Widerstandes (Mein Werk, S. 39). Mitarbeiter unterstützten ihn bei dieser Arbeit. Es gelang ihm ebenso, Kontakte zum Theater, zu Regisseuren und Künstlern zu knüpfen, die teilweise aus Deutschland geflüchtet waren.

Vorträge sind es vor allem, die Balthasar als Studentenseelsorger hält, z. B. in der Studentenverbindung *Akademische Gesellschaft Renaissance.* 1941 wirkt er bei der Gründung der *Studentischen Schulungsgemeinschaft* mit, die es sich zum Ziel setzt, durch eine geisteswissenschaftliche Formung des Laien dessen berufliches und gesellschaftliches Engagement im Licht des Glaubens zu fördern. Zu diesem Zweck hält Balthasar Exerzitien und organisiert vier Sommerkurse, zwei mit philosophischer, zwei mit theologischer Ausrichtung. Henrici listet einige wohlklingende Namen unter den Vortragenden auf, die zugleich auch Balthasars Freundeskreis abstecken: der Jesuit und Kenner der Kirchenväter Hugo Rahner; der in Freiburg und München dozierende Philosoph und Heidegger-Schüler Max Müller (1906–1994); der kurzzeitig zur lutherischen Kirche Bayerns konvertierte Jesuit, Ökumeniker und in Luzern tätige Schriftsteller Otto Karrer (1888–1976); der katholische, politisch engagierte Philosoph Alois Dempf (1891–1982); der Philosoph und Pädagoge, Thomas-, Hegel- und Heidegger-Spezialist Gustav Siewerth (1903–1963); der Alttestamentler Alfons Deissler (*1914); der katholische, sich u. a. mit Karl Barths Analogieauffassung auseinandersetzende Fundamentaltheologe Gottlieb Söhngen (1892–1971); der ursprünglich reformierte, 1932 zum Katholizismus konvertierte Philosoph, Theologe und Ökumeniker Oskar Bauhofer aus Zürich (1897–1976); der Theologe, Philosoph und Kulturhistoriker Joseph Bernhart (1881–1969); der jüdische Religionsphilosoph Martin Buber (1878–1965); der von Balthasar geschätzte und zugleich kritisch hinterfragte Jesuit und Dogmatiker Karl Rahner; der aus Basel stammende Zoologe und Anthropologe Adolf Portmann

Mit **Buber** hat sich Balthasar in einem Buch auseinandergesetzt: *Einsame Zwiesprache,* 1958.

(1897–1982), der eine Hermeneutik des Lebendigen entwickelte, den Menschen als physiologische Frühgeburt bezeichnete und dessen Sonderstellung neu zu begründen versuchte; der Dominikaner und spätere Konzilstheologe Yves Congar (1904–1995); der sozialistisch-christlich orientierte Schriftsteller und Publizist Walter Dirks (1901–1991); der Religionsphilosoph und Theologe Eugen Biser (*1918); Henri de Lubac u. a.
Zu diesen eher akademischen Aktivitäten kam noch das übliche Pensum eines Studentenpfarrers hinzu: speziell gestaltete Gottesdienste, Beicht- und Einzelgespräche, unzählige Predigten und Ansprachen, die erwähnten Exerzitien sowie kürzere Zeiten der Besinnung. Die Abende bei Fortbildungstreffen konnten lang werden, die Gespräche rissen nicht ab; wenn die Köpfe zu sehr rauchten, setzte sich Balthasar ans Klavier und spielte auswendig Stücke von Mozart. Auf Spaziergängen mit einzelnen Teilnehmern der Kurse kamen oft lebensentscheidende Themen zur Sprache, weiß Henrici zu berichten. Eine Reihe von Studenten entschied sich unter seiner geistlichen Begleitung zum Eintritt in die Gesellschaft Jesu, manchmal auch solche, denen er von diesem Schritt abgeraten hatte. Man meinte daher, die „Jesuitis" sei ausgebrochen (Henrici, S. 30). Da aber bei einigen diese „Krankheit" keinen guten Verlauf nahm, sie also wieder aus dem Orden austraten und persönliche Verwundungen davontrugen, zog Balthasars Engagement manches Gerede auf sich. Aus seiner Tätigkeit erwuchsen dennoch viele Freundschaften, die Balthasar zu pflegen wußte. Er betrieb eine umfangreiche Briefseelsorge, gab Hinweise für wissenschaftliche Arbeiten (vgl. das Stimmungsbild bei Krenski, S. 162–172).
Nach Einschätzung seines Cousins Peter Henrici blieb es Balthasar trotz seines großen Wissens verwehrt, Brücken zu Studenten der Naturwissenschaften zu schlagen; Geisteswissenschaftler standen ihm stets näher.
Eine Freundschaft heben die Biographen Balthasars besonders hervor: die mit Robert Rast (1920–1946). In vielem war er Balthasar sehr ähnlich, angefangen bei der Herkunft: auch Rast

entstammte einer alteingesessenen Luzerner Familie, besuchte das Benediktinergymnasium in Engelberg und studierte in Basel und Freiburg Kulturphilosophie, um so seine verschiedenen Interessen in Musik, Literatur, Philosophie und Theologie zu entfalten. Sein Ziel war, christlicher Kulturpolitiker zu werden. Nach dem Abschluß seiner Promotion verfaßt er Artikel und in der *Sammlung Klosterberg* eine Anthologie zu Herder. Schließlich trat er jedoch in die Gesellschaft Jesu ein. Bald erkrankte er an der Lunge, im Mai 1946 starb er, nachdem er seine Ordensgelübde abgelegt hatte. Henrici bemerkt, daß sein Grab nur einen Schritt weit von dem Balthasars im Kreuzgang der Hofkirche Luzerns entfernt liegt. Auf seine Initiative geht auch die Gründung der *Studentischen Schulungsgemeinschaft* zurück; er gehört zu ihren Mitbegründern. Aus dieser Gemeinschaft ging 1945 die zunächst für Priester, später auch für Laien bestimmte *Akademische Arbeitsgemeinschaft* hervor.

Zu diesen Gründungen vgl. RUEDI KEEL in: *Civitas*, Heft März/April 1998, S. 65–71.

Eine verpaßte Chance: die Dogmatik mit Karl Rahner

Während der Basler Zeit sollte aber auch ein besonderes wissenschaftlich-theologisches Projekt Gestalt annehmen. 1939 war Balthasar während eines Ferienaufenthaltes auf dem Zenzenhof bei Innsbruck mit Karl Rahner zusammengetroffen. Man ging der Frage nach, wie eine neue *Dogmatik*, also eine systematische Darstellung des christlichen Glaubens, aussehen könnte. Der Freiburger Herder-Verlag zeigte 1941 ebenfalls Interesse an der Idee. Leider wurde diese Dogmatik nie Wirklichkeit. Die widrigen Zeitumstände, die Reisen in die oder aus der Schweiz erschwerten und vereitelten schließlich detaillierte Absprachen. Balthasar war aber auch nicht mit den Mitarbeitern einverstanden, die Rahner an diesem Projekt beteiligen wollte, nämlich die Mitbrüder Alfred Delp und Paul Bolkovac. Der verantwortliche Lektor im Herder-Verlag, Robert Scherer, meinte schließlich, Balthasar sei irgendwie ungehalten darüber, daß Rahner die Mitarbeiter ohne Rücksprache ausgesucht habe. Ende November 1941 zieht sich Balthasar aus dem Projekt zurück und schreibt an Rahner: „Nein, ich kann nicht mitmachen. Wenn Sie eine Ahnung hätten von dem Betrieb hier! ... So müssen Sie halt den Karren allein ziehen, nachdem Sie Delp und Bolko ausgeladen haben. Mit diesen Leuten würde ich nie zusammenarbeiten wollen. Mit ihrem Material wird nichts anzufangen sein. Viel gescheiter, Sie fangen allein an einem Zipfel an und sehen, wie weit Sie kommen. Lieber ein hübscher Briefbeschwerer als ein häßliches Denkmal auf hohem Sockel."

Zitiert nach KARL HEINZ NEUFELD, *Die Brüder Rahner,* 1994, S. 183. Zum gescheiterten Lehrbuch-Entwurf vgl. MANFRED LOCHBRUNNER, *Hans Urs von Balthasars Trilogie der Liebe. Vom Dogmatikentwurf zur theologischen Summe,* in: *Forum Kath. Theologie* 11 (1995), S. 161–181, bes. S. 161–168.

Balthasar konnte also auch recht direkt sein. Seine stupende Belesenheit und Gelehrsamkeit – Lubac sprach einmal vom „vielleicht gebildetsten Mann seiner Zeit" – konnte als geradezu erdrückend empfunden werden; seine ausgesuchte Vorliebe für Literatur und Musik weckte den Verdacht schöngeistiger, elitärer Abgehobenheit (Krenski, S. 165–168). Dazu schien die schlichte, aber notwendige Arbeit an einem Lehrbuch der Dogmatik nicht unbedingt zu passen; vielleicht hat auch die Reserve gegenüber der klassischen Schultheologie noch nachgewirkt. Später ließ sich Balthasar sehr wohl in Lehrbuchprojekte einbinden. Gerade sein Markenzeichen, die *Theologie des Karsamstags* (vgl. S. 152), stellt er für das Vorhaben einer mehrbändigen heilsgeschichtlichen Dogmatik bereit, die ab 1965 erscheint.

HANS URS VON BALTHASAR, *Mysterium Paschale,* in: *Mysterium Salutis. Grundriß heilsgeschichtlicher Dogmatik,* hrsg. von Johannes Feiner u. Magnus Löhrer, Bd. III/2 1969, S. 133–326 (Kurztitel = **Mysterium Paschale**). Separatausgabe unter dem Titel *Die Theologie der drei Tage,* Neuauflage 1990.

Der „Konvertitenmacher" und Karl Barth

Balthasar gelang es, Brücken zu evangelischen Christen zu schlagen, auf denen sie oft den Weg zur katholischen Kirche fanden und mancher Jesuit wurde. Er galt bald als „Konvertitenmacher" (Henrici, S. 32). Zu den prominenten Konvertiten gehörte Albert Béguin, Professor für französische

Literatur an der Universität Basel, getauft am 25. November 1940. Er war mit Georges Bernanos befreundet und darum natürlich an Balthasars Übersetzungsvorhaben interessiert. Der Professor für Geschichte Werner Kaegi trat ebenfalls zum Katholizismus über, wie auch dessen Frau, Adrienne von Speyr, die Taufpatin von Béguin.

Zu einer Konversion kam es jedoch nicht, auf die Balthasar zunächst gehofft hatte: auf die von Karl Barth, dessen Bruder Heinrich, ein Philosophieprofessor, mit Adrienne von Speyr bekannt war. Zwischen Balthasar und Barth entwickelte sich eine bemerkenswerte Freundschaft (vgl. Guerriero, S. 101–125). Der reformierte Theologe, der nach seiner Rückkehr aus Hitlerdeutschland in Basel lehrte, war inzwischen zum Wortführer der *Dialektischen Theologie* avanciert, die jede Einebnung des Glaubens in die herrschende Kultur ablehnte, wie es hingegen dem Kulturprotestantismus des 19. Jahrhunderts vorgeschwebt hatte. Die Legitimation des Glaubens sah Barth nicht in seiner kulturellen Dimension; der Glaube ist vielmehr Gottes Gnadentat am Menschen, der sich als Herr in Christus allein offenbart.

Dialektische Theologie: Neuformulierung des reformatorischen *Zugleich (simul iustus et peccator):* Der Mensch ist für sich Sünder, zugleich Gerechter im Blick auf Gottes Heilstat; er ist fern von Gott, zugleich ist Gott ihm nahe in Barmherzigkeit; menschliche Rede entspricht Gott nicht, zugleich kann Gott zur Entsprechung durch das Bekenntnis des Glaubens befähigen (*Analogie des Glaubens,* siehe S. 28).

Diese Christozentrik faszinierte Balthasar. In ihr und der damit verbundenen Allerwählungslehre erkannte er eine „geniale Überwindung Calvins“ (Unser Auftrag, S. 85): jeder Mensch ist erwählt, weil in Christus Gott selbst die Verwerfung übernimmt, die der Mensch verdient hätte. Von einer *Prädestination* (Vorherbestimmung) zur Verdammnis, die der Reformator Johannes Calvin (1509–1564) neben der Vorherbestimmung bestimmter Menschen zur ewigen Seligkeit vertrat, konnte mit Blick auf Christus keine Rede sein. Wohl nicht zuletzt deshalb zog es der Reformierte Barth vor, nicht als Kalvinist bezeichnet zu werden.

Beide verband nicht nur die Liebe zu einer christozentrisch denkenden Theologie, sondern auch die Begeisterung für die Musik Mozarts. Mitunter sah man Balthasar mit Mozartplatten unterm Arm zu Karl Barth nach Hause schreiten. Zu dessen

Seminarveranstaltung 1949/50 wurde Balthasar ebenso eingeladen. Dieser revanchierte sich mit zehn Vorträgen, die er in der *Gesellschaft für christliche Kunst* im Beisein Barths über dessen Theologie hielt.

Aus den gewachsenen Gemeinsamkeiten sollte schließlich sogar eine gemeinsame Romfahrt werden. Der Anlaß war an sich weniger klassisch protestantisch. Man hatte vor, bei der feierlichen Verkündigung des Dogmas von der leiblichen Aufnahme Mariens in den Himmel am 1. November 1950 durch Papst Pius XII. dabeizusein. Aus der Fahrt wurde jedoch nichts, obwohl Balthasar schon seinen Bruder, der Offizier bei der Schweizer Garde war, um Eintrittskarten angegangen hatte. Offenbar wollte Barth Balthasar zu sehr vereinnahmen – zumindest schien Balthasar diesen Eindruck zu gewinnen, was vor allem deshalb ungünstig aussehen mußte, da er gerade ein paar Monate zuvor den Jesuitenorden verlassen hatte (vgl. Guerriero, S. 107).

Balthasars Ordensmitbruder Erich Przywara hatte sich mit Barth über die oben angesprochene Thematik der *analogia entis* auseinandergesetzt. Das Gespräch wurde abgebrochen. Balthasar beabsichtigte, den Gesprächsfaden wieder aufzugreifen, aber nicht nur in schriftlicher Form. Im dritten Band seiner *Apokalypse* hatte Balthasar zwar bereits ein Kapitel der Theologie Barths gewidmet, aber jetzt konnten persönliche Gespräche mit Barth zum Ausgangspunkt der weiteren Diskussion werden. Sie haben in mehreren Werken Balthasars ihren Niederschlag gefunden.

HANS URS VON BALTHASAR, *Karl Barth. Darstellung und Deutung seiner Theologie*, 1951; *Theologie der Geschichte. Ein Grundriß*, 1950. Auch ökumenische Schriften gehen auf diese Begegnung zurück, wie *Schleifung der Bastionen*, 1952 (Kurztitel = **Schleifung**).

Balthasar will den Nachweis führen, daß Christozentrik nicht im Gegensatz steht zu dem von Barth bei Przywara beanstandeten Denkansatz. Die Bezogenheit der endlichen Wirklichkeit auf Gott ist die Grundlage analoger Aussagen über den Schöpfer dieser Wirklichkeit. Wie in Christus alle Menschen erwählt sind, so umfaßt Christus auch alle Geschichte und alle Wirklichkeit; er ist das Wasserzeichen in allem Sein, durch ihn, wie es der Johannesprolog ausdrückt, ist alles erschaffen. Darum ist ein Zugang zu Gott auch über die endliche Wirklichkeit möglich, wenngleich immer vermittelt durch den ewigen Logos, der in Jesus Mensch geworden ist. Eine relative Eigenständigkeit der endlichen Schöpfung als Voraussetzung für den Bund in Christus entspricht darum der Christozentrik. Eine philosophische oder natürliche (d. h. von der Übernatur der Gnade absehende) Theologie ist also dadurch möglich, daß sie christologisch vermittelt ist: Sie artikuliert die von Gott selbst in seinem ewigen Sohn geschaffenen Voraussetzungen dafür, daß der Mensch sich im Gnadengeschenk des Glaubens auf Gott und seine Offenbarung zu beziehen vermag, wodurch Theologie erst möglich wird.

Wenn Barth Christus mit der engsten Stelle einer Sanduhr vergleicht, durch die allein der Sand von einem Glas in das andere rieseln kann, so illustriert er damit die vom ihm herausgestellte Einmaligkeit und exklusive Bedeutung Jesu, was Balthasar durch seine Überlegungen zur philosophischen Theologie auch nicht abwerten will. Er beabsichtigt aber aufzuzeigen, wie dieser eine und einzige Mittler des Heils für alle Menschen von Bedeutung und zur Norm werden kann: was da im Menschen jeden auf Christus bezieht und wie ein Vorverständnis für die Offenbarung Gottes zu gewinnen ist – ein Vorverständnis, das jedoch keineswegs die Offenbarung vorwegnimmt oder auf seine Grenzen reduziert.

Unter dem Eindruck der Begegnung mit Barth erörtert BALTHASAR Möglichkeit und Grenzen eines Vorverständnisses für die Offenbarung in *Glaubhaft ist nur Liebe*, 1963 (Kurztitel = **Glaubhaft**) und in *Das Ganze im Fragment. Aspekte der Geschichtstheologie*, 1963 (Kurztitel = **Das Ganze im Fragment**).

Barth hat sich den Überlegungen Balthasars über die universale Bedeutung und Mittlerschaft Christi in seinen späteren Ausführungen durchaus angenähert, indem er damit begann, die jeden Menschen betreffende Relevanz des Christusgeschehens näher zu analysieren.

Oben wurde bereits en passant der Ordensaustritt Balthasars erwähnt. Er hängt mit der wichtigsten Begegnung zusammen, die Balthasar in Basel hatte: Adrienne von Speyr.

Adrienne von Speyr

Hans Urs von Balthasar veröffentlichte 1984 *Unser Auftrag* mit dem Ziel, „zu verhindern, daß nach meinem Tod der Versuch unternommen wird, mein Werk von dem Adrienne von Speyrs zu trennen. Es [= das Buch] beweist, daß dies in keiner Hinsicht möglich ist, weder was die Theologie noch was das begonnene Institut angeht“ (S. 11). *Hans Urs von Balthasar begegnen* hieße demnach gleichzeitig *Adrienne von Speyr begegnen;* an sich wäre eine Art Doppelbiographie zu schreiben, wollte man der Feststellung Balthasars in jeder Hinsicht Rechnung tragen. Ihrem Werk mißt Balthasar sogar mehr Gewicht zu als seinem eigenen. Wer war Adrienne von Speyr? Wieso diese Verwobenheit mit dem Leben und Werk Balthasars?

Adrienne von Speyr verfaßte zwei Autobiographien. Eine reicht bis zu ihrem 24. Lebensjahr (*Aus meinem Leben,* 1969), die zweite beschreibt ihre seelischen Zustände und ihre Suche nach Gott bis zur Konversion 1940. Ihre Aufzeichnungen faßt Balthasar in *Erster Blick* zusammen (vgl. Henrici, S. 32–43; Guerriero, S. 127–152; Krenski, S. 123–157.

Am 20. September 1902 wurde sie im französischsprachigen Teil der Schweiz, in La Chaux-de-Fonds geboren. Der Vater, Theodor von Speyr, aus einer alten Baseler Familie, mit Ärzten, Pfarrern und Glockengießern im Stammbaum, arbeitete als Augenarzt. Die Mutter, Laure Girard, stand ihrem Mann zur Seite. Adrienne und ihre drei Geschwister wurden faktisch vom Kindermädchen erzogen. Zu dieser Ferne von Mutter und Vater kam vor allem noch eine sich immer wieder äußernde Verständnislosigkeit der Mutter Adrienne gegenüber hinzu, die Formen harter Ablehnung annahm. Adriennes früh artikulierte religiöse Interessen kommentierte die Mutter mit dem Hinweis: „Du wirst sicherlich noch katholisch.“ Ihre Vermutung sollte sich bewahrheiten. Nach dem Tod der Großmutter, bei der sich Adrienne verstanden fühlte, und dem des Vaters, zu dem sie ein vertrautes Verhältnis hatte, setzte Adrienne gegen den Widerstand der Familie durch, das Abitur zu machen und Medizin zu studieren. Neben dem Gymnasium zwang sie ihre Mutter aber, eine Handelsschule zu besuchen, um für eine spätere Anstellung bei einer Bank die nötigen Vor-

aussetzungen zu schaffen. Da man sie noch dazu im Haushalt fest einspannte – nach dem Tod des Vaters hatte die Mutter stets Angst vor finanziellen Engpässen –, mußte sie morgens um vier Uhr aufstehen, um die Hausarbeit zu erledigen. In dieser harten Zeit erschien ihr plötzlich der Selbstmord als Ausweg. Der Überlastung hielt ihr Körper nicht stand. Fieberschübe kündigten das Unheil an: eine doppelseitige Tuberkulose.
Im Sommer 1919 befindet sie sich im Sanatorium Langenbruck. Vom Arzt will sie die Wahrheit über ihren Zustand erfahren. Den nächsten Frühling werde sie nicht mehr erleben, lautet die Auskunft. Zwei Jahre verbringt Adrienne zur Rehabilitation in Leysin in den Bergen sowie in dem Genesungsheim, das eine Verwandte von ihr, Charlotte Olivier, eine Ärztin aus Lausanne, gegründet hatte. Die Mutter besucht sie in dieser Zeit nur einmal. Ihr Inneres wendet sich ganz Gott zu. Sie liest viel, lernt Russisch. Sie hält sogar Vorträge über Gehorsam und Freiheit, über die Abstufung der Wahrheit und das Recht zu denken. Eine ihrer Zuhörerinnen wird später, angeregt durch diese Vorträge, konvertieren und Ordensschwester werden.
Einigermaßen genesen, beginnt sie Ende 1920 in einem Diakonissenspital als Praktikantin. Die protestantische Frömmigkeit bleibt ihr fremd; schließlich bricht sie erneut zusammen. Nach einem halben Jahr Kur ist sie wiederhergestellt. Im August 1921 erreicht Adrienne ihre Familie in Basel, die dorthin umgezogen ist. Die drei versäumten Jahre in der Schule holt sie schnell auf und macht mit ihrer Klasse das Abitur. Währenddessen erlernt sie das Klavierspielen. Die Musik wird für sie ein Weg zu Gott. Erneut muß sie Selbstmordgedanken überwinden: „Auf der Eisenbahnbrücke schaut sie lange in die Fluten des Rheins, die sie hinunterlocken" (Erster Blick, S. 23). Große Auseinandersetzungen ruft ihre Entscheidung zum Medizinstudium hervor. Ihren Abscheu vor dem Seziersaal überwindet sie durch das Gebet für die Toten. Verschiedene Freundschaften stabilisieren sich. Im Sommer 1927 lernt sie im Urlaub am San Bernardino einen verwitweten Professor für Geschichte, Emil Dürr, mit seinen beiden kleinen Söhnen kennen. Dürr verliebt sich in sie. Beide heiraten. 1928 besteht Ad-

rienne das Staatsexamen, ab 1931 führt sie eine eigene Praxis. Mit ihrem Mann wohnt sie in Basel am Münsterplatz über dem Rhein.

Das ruhige und glückliche Eheleben zerbricht 1934, als ihr Mann den Folgen einer schweren Kopfverletzung erliegt; er war aus einer Straßenbahn gestürzt. Seinen Tod hatte sie vorausgesehen wie den ihres Vaters. Wieder einmal quälen sie Selbstmordgedanken. Es gelingt ihr nicht mehr, die Vaterunserbitte „Dein Wille geschehe" zu sprechen. Ein gutgemeinter, aber falscher Rat eines reformierten Pfarrers, dann eben etwas anderes zu beten, führt in eine Sackgasse. Während sie in Kirchen zu beten versucht, fühlt sie sich gleichzeitig ausgeschlossen. Der ausdrückliche Verzicht auf die Vaterunserbitte führt ihr erst recht die Ferne Gottes vor Augen.

1936 heiratet sie einen Habilitanden Dürrs, Werner Kaegi (1901–1979), ebenfalls Professor für Geschichte in Basel. Im Herbst 1940 erleidet Adrienne einen Herzinfarkt. An ihr Ohr dringen die Nachrichten von dem neuen und außerordentlich interessanten Studentenpfarrer Hans Urs von Balthasar. Sie wünscht ihn kennenzulernen, nachdem ihre bisherigen ersten Kontakte mit katholischen Priestern eher enttäuschend verlaufen waren. Über ihren gemeinsamen Freund und Bekannten, Karl Barths Bruder Heinrich, den Philosophieprofessor, kommt ein Treffen zustande. Schnell stoßen sie über die Dichter Péguy und Claudel zu religiösen Themen vor. Adrienne faßt ihren Mut zusammen und erklärt ihre Absicht zu konvertieren. Ebenso berührt das Gespräch ihre Schwierigkeit mit dem Vaterunser. Balthasar ermuntert sie, unreflektiert zu beten, d. h., ohne auf sich selbst zu schauen und sich beim Beten zu beobachten. Bei der Bitte um das Geschehen des göttlichen Willens gehe es ebensowenig darum, Gott „unsere eigenen Leistungen" anzubieten, sondern um die „Bereitschaft, von seiner Leistung übernommen und wohin immer versetzt zu werden" (Erster Blick, S. 27). Das Vaterunser wurde ihr durch Balthasars Erklärung „zurückgegeben" (Unser Auftrag, S. 47f.). Balthasar notiert: Es war, „als hätte ich unversehens auf einen elektrischen Knopf gedrückt, der auf einen Schlag

alle Lichter im Saal entzündete." Das Gebet gelang Adrienne wieder; „wie lang aufgestaute Fluten" brachen los, sie fühlte sich davongerissen (Erster Blick, S. 27).
Es folgt der Konvertitenunterricht bei „ihrem" Studentenpfarrer, dessen Erklärungen sie in großer Bereitschaft aufnimmt, was Balthasar erstaunt. Die wirkliche Gegenwart Christi im Sakrament der Eucharistie und die Möglichkeit der Einzelbeichte stellen für sie keine „Probleme" dar, die sich einem evangelischen Christen vielleicht in besonderer Weise stellen könnten. Im Gegenteil, Balthasar hat den Eindruck, ihr ganzes Leben habe auf diese Sakramente hingezielt. Am Fest Allerheiligen 1940 empfängt sie die Taufe *sub conditione*, d. h. unter der Bedingung, daß ihre evangelische Taufe nicht gültig gewesen ist. Ihre Familie ist schockiert.
Nach der Konversion „beginnt ein wahrer Katarakt mystischer Gnaden sich über Adrienne zu ergießen, in einem scheinbar regellosen Sturmwind, der sie nach allen Richtungen gleichzeitig wirbelt" (Erster Blick, S. 29). Balthasar listet die verschiedenen Gnadengaben auf: ein „Hinweggerissenwerden aus dem mündlichen Beten" zu Gott, „um nach unbestimmter Zeit mit neuen Erkenntnissen, neuer Liebe, neuen Entschlüssen irgendwo angestellt zu werden." Lichterscheinungen, Marienvisionen werden ihr zuteil, ein vertrauter Umgang mit ihr und den Heiligen zeichnet sich ab. Dabei spielt Ignatius von Loyola eine wichtige Rolle, dem sie auch schon in Kindheitstagen glaubt, begegnet zu sein. Begleitet werden diese Erlebnisse von Spontanheilungen in ihrer Praxis. Es verbreiten sich für manchen seltsam anmutende Geschichten. Ein Zentrum dieser verschiedenen Erfahrungen zeichnet sich ab, das ihr durch eine Engelerscheinung angedeutet wird. Sie erlebt, wie sich ihre Existenz auf einen einzigen Punkt hin konzentrieren und zusammenfassen soll: in einem Jawort, das, an Maria erinnernd, ihre völlige Bereitschaft ausdrücken soll, über sich verfügen zu lassen. Dadurch wird ihre menschliche Existenz zu einem Raum, in dem sich die Passion Christi zu vergegenwärtigen vermag. In der Karwoche

Im heutigen Kirchenrecht (seit 1983) ist die „bedingte" Taufe eines zur katholischen Kirche konvertierenden evangelischen Christen nicht vorgesehen, sofern die Taufe dokumentiert ist. Eine Wiedertaufe gibt es in keiner christlichen Kirchengemeinschaft; sie ist eher typisch für Sekten.

wird sie in die verschiedenen Leidenszustände Jesu hineingenommen. Im Mittelpunkt steht die Erfahrung des Karsamstags: Jesu Abstieg in die Hölle, in den Ort tiefster Gottesferne und Gottlosigkeit, in die Todesnacht der Sünde. Balthasars *Theologie des Karsamstags* knüpft hier an.

Zuerst in: HANS URS VON BALTHASAR, *Das Herz der Welt,* 1945, 4. Aufl. 1988 (Kurztitel = **Herz der Welt**).

In ihrer Stigmatisation im Juli 1942, als sich an ihr die Wundmale Christi zeigen, veranschaulicht sich dieses Hineingetauchtsein in das Mysterium des Kreuzes. Alle Erfahrungen dienen jedoch nicht dazu, sich selbst wahrzunehmen, die eigene Größe zu bestaunen oder die Gnade zu „genießen". Ihre Mystik begreift sie als *objektive* Mystik, bestimmt zur Sendung, zum Dienst. Wie sehr objektiv sie denkt, illustrieren ihre Schwierigkeiten mit der Mystik der Therese von Lisieux (1873–1897). Sie hat zunächst Schwierigkeiten mit dem Akzent, den Therese in ihrer *Selbstbiographie* auf ihr Ich setzt, auf das sie ihre geistlichen Erfahrungen, ihre geistlichen Trockenheiten und Glaubensnächte bezieht.

THERESE VOM KINDE JESUS, *Selbstbiographische Schriften,* 1958. Vgl. ANTON SCHMID, *Therese von Lisieux begegnen,* 1999.

Aber natürlich geht es bei Therese ebensowenig um eine fromme Selbstbespiegelung oder ein subtiles Genießen geistlicher Abgründe. Im Zentrum steht auch bei ihr die Sendung zum Dienst an der Kirche, an der Heiligkeit der Priester; in der Mitte der Kirche möchte sie die Liebe sein.

Die Teilhabe am Leiden Christi überforderte die körperliche Konstitution Adriennes. Der erwähnte Herzinfarkt 1940 markierte den Anfang vieler weiterer Krankheiten, eine bleibende Herzschwäche, Diabetes, die in ihren letzten Lebensjahren zur Erblindung führte, eine Arthrose, die ihr die Kraft aus den Knien nahm und schließlich ihre Füße gefühllos machte. Krankenbesuche konnte sie bald nicht mehr machen, die Sprechstunde beschränkte sich auf den Nachmittag. Der Abend gehörte der Lektüre französischer Literatur, die Nacht dem Gebet. Dabei geschah es, daß sie sogenannte „Reisen" erlebte: „Sie wurde im Gebet an unzählige Orte ‚versetzt', wo ihre betende, helfende Gegenwart notwendig war: während des Krieges in Konzentrationslager, dann vor allem in Klöster, und hier vorwiegend in kontemplative, in denen es galt, den Geist neu zu wecken, das Chorgebet, die Betrachtung zu beleben; in Beichtstühle, wo entweder das Bekenntnis falsch oder lau oder der Priester ungenügend war, in Priesterseminarien, oft auch nach Rom, an die Kurie, oder in eine ganz verlassene Kirche, wo niemand mehr zum Beten hinging" (Erster Blick, S. 35). Auch diese Erfahrungen erschöpften Adrienne von Speyr. Sie erlebt mehrmals mystische Tode.

1954 gab sie ganz die Arztpraxis auf. Immer wieder diktiert sie ihrem Beichtvater Hans Urs von Balthasar ihre geistlichen Erfahrungen. Ebenso kommentiert sie Schriften des Neuen Testaments. Der dreibändige Johanneskommentar sticht darunter hervor. 1953 zählt ihr Werk sechzig Bände. Balthasar investiert seine gesamten eigenen finanziellen Ressourcen, um das anschwellende Werk der Mystikerin herauszugeben.

Während ihr Wille zur Arbeit, zum Gebet und zur stellvertretenden Buße ungebrochen ist, wird es für die Ärzte mehr und mehr zum Rätsel, daß sie überhaupt noch lebt. „Ihr Körper war wie eine Orgel, bei der alle Register des Leidens gezogen wurden, und zwar stets neue, unvermutete" (Erster Blick, S. 39). Am 17. September 1967, am Todes- und Gedenktag der hl. Hildegard von Bingen (1098–1179), die sie als Benediktinerin, Äbtissin, Mystikerin, Naturkundlerin und Ärztin sehr verehrt hatte, stirbt Adrienne von Speyr. An ihrem 65. Geburtstag wird sie beerdigt. Wie sie schon trotz ihrer körperlichen Schwäche Balthasar durch ihr Gebet und ihre Leiden den Weg erleichterte, so „tut sie es [nun] in vermehrter Weise zum Greifen spürbar vom Himmel aus" (Henrici, S. 68).

Vgl. Hildegard Gosebrink, *Hildegard von Bingen begegnen*, 2002.

Balthasar unterstreicht, daß das Charisma der Adrienne von Speyr sich nicht in dem erschöpft, was man gemeinhin Privatoffenbarungen nennt, die in ihrer Bedeutung schnell mit den Hinweisen auf ihre häufig unsichere, private und auch nicht glaubensverbindliche Qualität relativiert werden. Den besonderen Charakter der charismatischen und mystischen Begabung Adriennes sieht Balthasar in ihrem Dienst an der Gesamtkirche und in der Vertiefung und Verlebendigung des Glaubens in dessen Mitte, nicht an der Peripherie (Erster Blick,

S. 50). Wie auch immer man zu den kurz geschilderten Phänomenen stehen mag, die mit der Person Adrienne von Speyrs verbunden sind: Sie richten sich in der Tat nicht auf einzelne Aspekte des Glaubens, der Frömmigkeit oder Liturgie, sondern auf das vertiefte Verständnis der zentralen Glaubensgeheimnisse. Ihr Gebet und die von ihr geleitete Johannesgemeinschaft unterstützen die Mission der Gesamtkirche, Sakrament des Heils in der Welt zu sein.

Im Zeichen des Johannes

Die ***evangelischen Räte*** – Armut, Ehelosigkeit/Keuschheit, Gehorsam – entspringen dem Rat Jesu (Mt 19,21) u. Pauli (1 Kor 7,8). Ohne verpflichtendes Gebot zu sein, sind sie in gewisser Weise von jedem Christen mitzuleben.

Neben den Diktaten kennzeichnete die Gründung der Johannesgemeinschaft die Zusammenarbeit zwischen Adrienne von Speyr und Hans Urs von Balthasar. Dabei handelt es sich um eine – heute *Säkularinstitut* genannte – Form des Zusammenlebens zunächst von Frauen nach den *evangelischen Räten.*

Ohne Ordenstracht und Klausur gilt es, ein gottgeweihtes Leben im Beruf und Alltag zu führen. 1947, erst zwei Jahre nach der Gründung der Gemeinschaft, bestätigt Papst Pius XII. mit dem Statut *Provida Mater* diese neue Form christlichen Lebens. Heute gibt es zahlreiche, vor allem weibliche Säkularinstitute. Am Fest der ohne Erbsünde empfangenen Jungfrau Maria 1944 treffen sich die ersten Studentinnen, um bei Adrienne von Speyr über diese Gemeinschaft zu sprechen (Unser Auftrag, S. 44 f.). Schließlich wird dank der Hilfe des Pfarrers Franz Charles Blum ein Haus für die Gemeinschaft gefunden. Balthasar gibt am 5. August 1945 die Gründungsexerzitien. Anfang Oktober finden sich die ersten drei Mitglieder des Instituts ein (Unser Auftrag, 46).

Vgl. Maximilian Greiner, *Die Johannesgemeinschaft. Ein Gespräch mit Cornelia Capol und Martha Gisi,* in: *Hans Urs von Balthasar. Gestalt und Werk,* hrsg. v. Karl Lehmann u. Walter Kasper, S. 133–151 (Kurztitel = **Greiner**).

Adrienne von Speyr betrachtet Ignatius als Leitbild für die Spiritualität der Gemeinschaft. Bereits als Protestantin hatte sie über Ignatius und den Gehorsam während ihres Kuraufenthaltes in Leysin Vorträge gehalten (Greiner, S. 141 f.). Andererseits sollte, wie es der Name andeutet, das johanneische Element hinzukommen: der von Ignatius betonte Gehorsam und die von ihm geforderte *Indifferenz* sollte noch mehr aus der alles umgreifenden und innerlich durchformenden Liebe gelebt werden.

Ziel der ignatianischen Exerzitien ist, daß die Teilnehmer *indiferentes* – Balthasar übersetzt „gleichmütig" – werden, um alle Dinge dieser Welt so zu gebrauchen, daß sie der Ausrichtung auf Gott helfen und sie nicht behindern. ***Indifferenz*** ist nicht Gleichgültigkeit oder Desinteresse, sondern die innere Bereitschaft, sich ganz in den Dienst der immer größeren Ehre Gottes zu stellen.

Diese formgebende Liebe wird insbesondere durch den Lieblingsjünger Johannes repräsentiert, dem vierten Evangelisten, der einen besonderen Platz neben dem „Amt", d.h. neben Petrus einnimmt. Das johanneische Schrifttum wird insgesamt vom Gedanken der Liebe beherrscht. Im Ersten Johannesbrief wird Gott sogar als Liebe definiert (1 Joh 4,8.16). Diese Liebe hat die Gestalt der Entäußerung und Erniedrigung. Der Lieblingsjünger stellt diese Liebe in der Form des Verschwindens dar: des selbstlosen Dienstes an der Kirche und am Amt. Eine Spiritualität des Verschwindens sei darum die des Instituts. Konkret bedeute dies, so Martha Gisi, „dort, wo wir in unserem Beruf stehen, eine andere Haltung einzunehmen als Menschen, die bloß im Weltlichen leben. Daß wir helfen, wo wir können, versuchen, Zuversicht auszustrahlen oder auch bestimmte Dinge nicht mitzumachen, wie etwa die heute übliche Jagd nach guten Stellen, oder auch einmal eine Arbeit zu übernehmen, die sonst niemand tun will. Aber eigentlich noch wichtiger als all das ist der Gedanke, etwas von dem uns vermittelten Geist, von der uns geschenkten Gnade könne durch die Anwesenheit eines Mitgliedes seiner Umgebung vermittelt werden, ohne daß dies jemandem, auch der Betreffenden nicht, bewußt wird." Cornelia Capol ergänzt: „Zur Verdeutlichung unserer Lebensweise vielleicht noch etwas mehr Praktisches: Wir sind annähernd alle in weltlichen Berufen tätig und haben verhältnismäßig gute Einkommen. Diese sollen nicht bei uns liegen bleiben, all das muß immer wieder weg. Adrienne hat dabei stark auf Anonymität gedrängt, der Empfänger soll, soweit möglich, nicht wissen, woher die Hilfe kommt. Das ist vielleicht ein materieller Aspekt des ‚Verschwindens'" (Greiner, S. 143f.).

Die Verantwortliche der Gemeinschaft war Adrienne von Speyr, die nach ihrer Sprechstunde die sogenannten „Punkte" hielt, d. h. einen zur eigenen Betrachtung anleitenden Vortrag. Adrienne legte dabei beispielsweise das Markus-Evangelium aus.

Sie hat Balthasar auch immer wieder dazu ermuntert, den männlichen Zweig zu gründen, was aber nicht so leicht gelingen sollte. Henrici sieht hierin die wohl herbste Enttäuschung im Leben Balthasars. Aus der *Akademischen Arbeitsgemeinschaft* schienen eher Mitglieder für eine Priestergemeinschaft hervorzugehen. Balthasars Kontakte mit Theologiestudenten, Seminaristen und Doktoranden rückte diese Möglichkeit eines priesterlichen Zweigs offenbar in greifbare Nähe. Ab 1968 besaß die Johannesgemeinschaft ein Ferienhaus auf Rigi-Kaltbad – ein Haus, das Adrienne bereits 1952 vorhergesehen hatte. Dort trafen sich die Theologen, die *Rigianer,* in den Ferien. 1983 erfolgte endlich die Gründung der priesterlichen Johannesgemeinschaft. Möglicherweise steht allen Zweigen der Johannesgemeinschaft ihre große Zeit noch bevor. Über die genaue Zahl der Mitglieder gibt man nicht gerne Auskunft, um den Eindruck zu vermeiden, die Gemeinschaft stelle sich selbst ins Zentrum und verstehe sich als durch Statistiken ausgewiesene Institution innerhalb der Kirche (Greiner, S. 147).

HANS URS VON BALTHASAR, *Christlicher Stand,* 1977, 2. Aufl. 1981 (Kurztitel = **Christlicher Stand**). Schriften aus dem Zeitraum 1948–1987 finden sich in *Gottbereites Leben,* 1993.

Balthasar hat sich in mehreren Schriften ausführlich zu den verschiedenen Lebensformen in der Kirche geäußert. In diesen Schriften kreist Balthasar um die Thematik der Lebensform nach den evangelischen Räten, zu dem eben nicht nur der Ordensangehörige, sondern auch der Laie berufen ist.

Wenn man im kirchlichen Bereich beim Wort „Laie" schlicht an den Christen in Familie und Beruf oder an den Laientheologen im kirchlichen Dienst denkt, vergißt man meist, daß – so Balthasar – jeder Laie, ob Arzt, Jurist, Lehrer, Künstler, Krankenpfleger oder Arbeiter nach urchristlichem Zeugnis (vgl. Randnote S. 54) zum Rätestand berufen ist. Weil dieses Räteleben Jesu seiner Sendung entspreche und keinem bloß asketischen Ideal entspringe, müsse auch für den

Laien im Rätestand gelten, daß er diese Lebensform ganz als Antwort auf Christi Ruf zu verstehen habe und nicht etwa als Resultat eines eigenmächtigen Entschlusses betrachten dürfe, der „bessere" oder „tugendhaftere" Christ sein zu wollen. Jede Erwählung diene immer dem Ganzen, nicht dem eigenen Vorteil vor Gott. Das Vorbild für dieses Verständnis der Räte erkennt Balthasar in Maria, die sich diesen Lebensstand nicht selber wählt; sie läßt über sich verfügen und wird erwählt. Mit ihrem ganzen „geweihten" Leben spricht sie ihr Jawort zu der Erwählung, die Mutter Jesu zu sein. Balthasar verweist ebenso auf natürliche Analogien zum Rätestand in anderen Religionsgemeinschaften. Diese gelten ihm als Ausdruck der menschlichen, von der Gnade Christi mitgetragenen Suche nach dem lebendigen Gott. Balthasar diskutiert auch die Frage, inwiefern in geistlichen Bewegungen nach den Räten lebende Laien mit verheirateten Laien Formen des gemeinschaftlichen Lebens zugunsten des gemeinsamen Apostolats entwickeln müßten. Mit allen seinen Überlegungen will Balthasar nicht den Verdacht schüren, er würde im Laien, der nach den evangelischen Räten lebt, den *eigentlichen* Jünger Christi erkennen. In seinem umfassenden Werk *Christlicher Stand* geht er ausführlich auf den Ehestand ein. Die Säkularinstitute bieten Balthasar zufolge für diese Lebensweise einen flexiblen Rahmen, ebenso der Stand der Jungfrau, der durch das 1983 in Kraft gesetzte Kirchenrecht erstmals als eigene Form geweihten Lebens rechtlich bestätigt wurde. In den verschiedenen kirchenrechtlich anerkannten Formen des laikalen Lebens nach den evangelischen Räten sieht Balthasar die Chance, das vom Zweiten Vatikanischen Konzil betonte Apostolat der Laien zu verwirklichen. Er hebt hervor, daß der Laie insbesondere durch den ausgeübten Beruf eine Sachkompetenz gewinne, die es ihm erlaube, von innen her einen Bereich des „weltlichen" Lebens durch das Evangelium zu prägen, um so für die christliche Durchdringung verschiedenster Lebensbereiche zu sorgen, was einem von außen kommenden Fachtheologen, Priester oder Ordensangehörigen in dieser Weise kaum möglich sei, genauso wenig wie dem verheirateten Laien. Denn der Laie im Räte-

stand könne mehr als ein Priester oder ein in Ehe und Familie lebender Laie seine Zeit, seine Liebeskraft und nicht zuletzt sein verdientes Geld für die Sache des Apostolats einsetzen. Die Grundlage des Lebens nach den evangelischen Räten ist Jesus selbst, nämlich seine unbegrenzte Verfügbarkeit. Seine eigene Verfügbarkeit verwirkliche Jesus in seinem *Gehorsam* gegenüber dem sendenden Vater und im „Getriebensein" vom Heiligen Geist. Jesu *Ehelosigkeit* signalisiere seine ungeteilte, auch seinen Leib umfassende Bereitschaft zur eucharistischen Verschwendung zum Heil der Welt. Seine *Armut* zeige sich in der Entäußerung, im Sich-entäußern-Lassen.
Angesichts der großen Schwierigkeit in der Gegenwart, in Europa Menschen zu finden, die zu dieser Lebensform bereit sind – aber auch ohne jeden Vorbehalt eine christliche Ehe eingehen und leben –, ist zu bedenken, daß in vielen durchschnittlichen Gemeinden ein Klima herrscht, das zu einem Leben im Rätestand kaum motiviert, im Gegenteil. Hier schlägt mitunter die allgemeine Unfähigkeit des modernen Menschen durch, mit dem personalen, in der Geschichte wirksamen Gott überhaupt etwas in der eigenen konkreten Lebensgeschichte anfangen zu können. Dem Laien im Rätestand fiele daher die überaus anspruchsvolle Aufgabe zu, mit seinem Leben ein Zeugnis zu geben von Gottes Heilsgegenwart in der eigenen Lebensgeschichte.

„… geführt, wohin du nicht willst"

Balthasars Tätigkeit für die Johannesgemeinschaft und seine Zusammenarbeit mit Adrienne von Speyr forderten ein „heikles Opfer": den Austritt Balthasars aus der Gesellschaft Jesu. Bis nach Rom in die Leitung der Gesellschaft Jesu (Jesuitenkurie) waren die „Geschichten" über Balthasar und seine Zusammenarbeit mit Adrienne von Speyr gedrungen. Balthasar ergriff die Initiative, die Echtheit der Gnadengaben, des Charismas von Adrienne prüfen zu lassen. Seine Oberen hatten ihm inzwischen verboten, Novizen mit Adrienne bekanntzumachen. Im April 1947 findet ein erstes Gespräch mit dem Pater General des Ordens, Johann Baptist Janssens, statt, ein weiteres folgt. Man bittet Balthasar, nach Lyon zu fahren; dort soll Pater Rondet die visionären Erlebnisse Adriennes prüfen. Weder ihre Visionen noch ein göttlicher Auftrag, der Balthasar dazu verpflichten würde, mit Adrienne zusammenzuarbeiten, wurden anerkannt. Zwischen seiner Mitgliedschaft im Orden und einer Leitung der Johannesgemeinschaft sowie der Zusammenarbeit mit Adrienne von Speyr sah man einen unüberbrückbaren Gegensatz: Die für August 1949 geplante endgültig bindende Ordensprofeß könne von Balthasar nicht abgelegt werden. Adrienne von Speyr litt sehr unter der sich abzeichnenden Entscheidung; ihr schien es eine unendliche Überforderung, den Austritt ihres Beichtvaters aus dem Orden des hl. Ignatius mitzutragen (Unser Auftrag, S. 16 f.), zumal gerade die ignatianische Spiritualität für sie und die Johannesgemeinschaft von höchster Bedeutung war. Hans Urs von Balthasar entschloß sich, bei Pater Donatien Mollat Exerzitien zu nehmen.

In diesen Tagen, in denen der göttliche Wille gesucht werden sollte, wuchs in Balthasar endgültig die Gewißheit, daß Gott auch nochmals inmitten einer Situation berufen kann, die an sich schon die Antwort auf eine Berufung ist, also durch erste Gelübde oder durch ein Familienleben – Balthasar denkt an Bruder Klaus, der aus seiner großen Familie in die Einsiedelei gerufen wurde.

Nikolaus von der Flüe, gen. **Bruder Klaus** (1417–1487), Schutzpatron der Schweiz.

In einem ausführlichen „Abschiedsbrief an die Gesellschaft Jesu“ (abgedruckt bei Guerriero, S. 402–408) faßt Balthasar nochmals seine Motive zusammen und bittet um Verständnis für seinen weiteren Weg. Er betont, daß es nicht Ungehorsam, sondern gerade der von Ignatius so geforderte Gehorsam sei, der ihn zur Entscheidung führe, „meine mir geschenkte ‚Heimat‘“, die Gesellschaft Jesu, zu verlassen (Unser Auftrag, S. 16). „Man kann ... nicht einwenden, die rechte Lösung des Konflikts liege grundsätzlich und in jedem Fall beim Ordensgehorsam. Sie liegt grundsätzlich und in jedem Fall beim Ge-

horsam an Gott. Der Obere, der sich mit Gott nie verwechseln wird, ist die via ordinaria [der gewöhnliche Weg] der Kundgabe des göttlichen Willens, er ist nicht die via exclusiva [der ausschließliche Weg]. Gott bleibt frei, sich des Menschen – und gerade dessen, der sich in der Lebensform der Räte ganz zur Verfügung stellen wollte – nach seinem Wohlgefallen so zu bedienen, wie er will. Ordensleben ist ja nicht Eingelaufensein in einen sicheren Hafen, sondern Stehen und Bleiben im ‚Heraus aus deinem Land' (Gen 12,1) und im ‚Alles-verlassen'." Darum müsse „der Jesuit grundsätzlich immer bereit sein, einen neuen, auch unerwarteten Ruf zu hören und zu befolgen, der aus gewohnten und liebgewonnen Formen herausführt" (Guerriero, S. 405 f.).
Balthasar fühlt sich an die Worte des Auferstandenen bei seiner letzten Erscheinung erinnert, die an Petrus gerichtet sind: „Amen, amen, das sage ich dir: Als du noch jung warst, hast du dich selbst gegürtet und konntest gehen, wohin du wolltest. Wenn du aber alt geworden bist, wirst du deine Hände ausstrecken, und ein anderer wird dich gürten und dich führen, wohin du nicht willst" (Joh 21,18).
Am 11. Februar 1950 verläßt der Jesuit Hans Urs von Balthasar die Gesellschaft Jesu. Die folgende Zeit wird hart, wie die vergangene, nicht nur wegen der Ungewißheiten und quälenden Fragen. Seine Taufpatin, die ihm innerlich von allen Verwandten am nächsten steht, erleidet einen schweren Schlaganfall. Hinzu kommt die Frage nach der eigenen Zukunft. Ein Ordensmann, der seine Gemeinschaft verläßt, Priester ist und es bleiben möchte, hat ein Problem: Er braucht einen Bischof, der ihn in seinen Klerus aufnimmt. Nur ein Bischof kann auch die Befugnis erteilen, die in der Priesterweihe empfangene Beichtvollmacht auszuüben, was für Balthasar im Blick auf Adrienne von Speyr sehr wichtig war.
Wie wenig Balthasar übrigens an irgendeinen Ausstieg aus der Lebensform des Ordensmannes „wegen einer Frau" dachte, oder an eine Flucht vor den bevorstehenden ewigen Gelübden, zeigt sein Entschluß, kurz nach dem Ordensaustritt seine ewigen Gelübde vor dem Benediktiner Emmanuel von Se-

verus im Kloster Maria Laach abzulegen. Doch „nützte“ ihm dieser Akt nichts: dem für Basel zuständigen Bischof war der „Ex-Jesuit“ in Basel vorerst unerwünscht.
Balthasar zieht nach Zürich, Freunde besorgen ihm ein Zimmer. Er muß einen Weg finden, Geld für den Lebensunterhalt zu verdienen. Als Vortragsredner verdingt er sich sozusagen und beginnt jetzt erst recht mit einer regen Schriftstellertätigkeit. Erst am 2. Februar 1956 beendet der Bischof von Chur, Dr. Christian Caminada (1876–1962), Balthasars ungelösten Status eines „vagabundierenden Priesters“, indem er ihn in seinen Diözesanklerus aufnimmt. Jetzt erst kann er offiziell nach Basel zurückkehren und bei der Familie Kaegi-von Speyr am Münsterplatz 4 Wohnung nehmen.
Im Herbst seines Lebens hat Balthasar wieder um die Aufnahme in die Gesellschaft Jesu gebeten. Nach wie vor sah man aber in seiner Verantwortung für die Johannesgemeinschaft und einer Mitgliedschaft im Orden einen unaufhebbaren Widerspruch (Henrici, S. 37).

Johannesverlag und Communio

Nach seinem Ordensaustritt besteht eine der Haupttätigkeiten Balthasars in der Leitung des Johannesverlages, den er 1947 zusammen mit einem ehemaligen, mozartbegeisterten Studienfreund aus Wien, dem Juristen Dr. Josef Fraefel gegründet hatte (Greiner, S. 149). Fraefel wohnt in dem zum neuen Heimatbistum Balthasars gehörenden Einsiedeln; damit ist über den Verlagsort entschieden. Wieder gibt der Evangelist Johannes, der in Jesus den göttlichen *Logos* (das Wort) erkennt, einer Gründung Balthasars den Namen. Der Verlag diente zuerst dazu, die umfangreichen Schriften Adrienne von Speyrs herauszugeben, wozu ein anderer Verlag auch nicht ohne weiteres bereit gewesen wäre. Im Vordergrund stehen zunächst die erwähnten Bände ihres Johannes-Kommentars. Selbstverständlich veröffentlicht Balthasar auch seine eigenen Werke in diesem Verlag. Zugleich möchte er wie bisher den Stimmen anderer Geltung verschaffen. Durch Einleitungen und Nachworte versucht er, die Bedeutung eines Autors und seines Werkes zu erschließen und die Auswahl der Texte zu begründen. Bei all dem schwebt Balthasar eine Einheit von Theologie und Spiritualität vor, die bereichert ist durch die Einsichten der Philosophie und die Gedanken der großen Literatur.

Angeregt von der Begegnung mit Adrienne widmet sich Balthasar auch großen Frauengestalten der Frömmigkeitsgeschichte; er schreibt über sie oder gibt ihre Texte heraus: Über die *Schwestern im Geist. Therese von Lisieux und Elisabeth von Dijon* (1970), Mechthild von Hackeborn (*Das Buch vom strömenden Lob*, 1955), Mechthild von Magdeburg (*Das fließende Licht der Gottheit*, 1955), Madeleine Delbrêl (*Gebet in einem weltlichen Leben*, 1974; *Wir Nachbarn der Kommunisten*, 1975; *Frei für Gott*, 1976), Marie de la Trinité (*Im Schoß des Vaters*, 1988) u. a. Aus dem Spanischen übersetzt Balthasar die *Exerzitien* des Ignatius von Loyola (1946; 10. Aufl. 1990). Die Werke des spanischen Mystikers Johannes vom Kreuz erscheinen, teilweise von ihm selbst übersetzt (1961–1978). *Die großen Ordensregeln* macht er zugänglich (1974). Aus dem Italienischen überträgt er die Gedanken des Gründers der geistlichen Bewegung *Comunione e Liberazione* (1977, 1987), Luigi Giussani (s. S. 82). Bücher des Anglikaners Clive Staples Lewis gehen in Druck (*Was der Laie blökt*, 1975). Und diese Auflistung ist nicht annähernd vollständig …

Schließlich erscheinen zahlreiche Werke, die wichtige Beiträge zur Verwirklichung der von Balthasar vertretenen Interessen leisten, z. B. die Bücher der Philosophen Gustav Siewerth und Ferdinand Ulrich. Diese Bücher finden auch einen intensiven Nachhall in Balthasars eigenen metaphysischen Reflexionen; mit ihnen ermißt er die Philosophiegeschichte sowie das „Vermächtnis" und den christlichen „Auftrag" der Philosophie (Herrlichkeit III/1-2, S. 943–983). Balthasar bezeichnete einmal Siewerth als „den Mann, mit dem Löwengehirn und dem Kinderherzen … Ohne ihn hätte der dritte Band von Herrlichkeit seine Gestalt nicht bekommen" (Mein Werk, S. 72).

GUSTAV SIEWERTH, *Metaphysik der Kindheit*, 1957; *Das Schicksal der Metaphysik von Thomas zu Heidegger*, 1959. FERDINAND ULRICH, *Homo Abyssus. Das Wagnis der Seinsfrage*, 1961; *Gegenwart der Freiheit*, 1974.

Später gibt der Verlag erste Arbeiten über die Theologie Balthasars heraus (z. B. Passio Caritatis), oder Dissertationen, die sich in ihrem gedanklichen Umfeld bewegen oder an sie anknüpfen (vgl. z. B. Randnote S. 79).
Nicht zuletzt werden Balthasars eigene Werke veröffentlicht. Cornelia Capol, die zu den ersten Mitgliedern des Säkularinstituts gehörte, gibt 1990 Balthasars *Bibliographie 1925–1990* heraus. Wer beim bloßen Durchblättern der 174 Seiten allmählich erstarrt und an die Zeit und Mühe denkt, die selbst die Abfassung eines so schmächtigen Buches wie *Hans Urs von Balthasar begegnen* braucht, der wird das Wort seines (ebenfalls zu den Autoren des Johannesverlags gehörenden) Cousins Peter Henrici verstehen: Balthasar habe mehr Bücher geschrieben, „als ein normaler Mensch in seinem ganzen Leben zu lesen vermag" – in der Tat. Dennoch dürfe man „über dem Schriftsteller den Menschen" nicht vergessen (Henrici, S. 18). Aber auch von diesem Menschen schreibt er: „Er war für uns alle ein wenig zu groß" …
Balthasar ist entschlossen, mit den von ihm herausgegebenen Büchern einen Beitrag zu leisten für die „Durchsäuerung" (vgl. Mt 13,33) der Welt mit der unverkürzten Botschaft des Evangeliums. Keineswegs möchte er deshalb einen „Schwellenverlag" betreiben, der um der Kaufzahlen wegen die Mitte des Christlichen verläßt. „An Fragen und Stoffen fehlt es nicht, eher an Augen, die sehen." In dieser Blindheit sieht Balthasar viele katholischen Verlage und ihre Autoren gefangen. Deshalb erscheine ihnen die Wahrheit „zu fad" und ertöne der „große Wehruf", der „den Mangel an bedeutenden Manuskripten" beklage (Guerriero, S. 413–418).
Seine Tätigkeit als Verleger, Übersetzer und Herausgeber erleichtert es Balthasar, schließlich auch eine Zeitschrift herauszugeben: Die *Internationale katholische Zeitschrift „Communio"*. Wenngleich die erste Nummer erst 1972 erscheint, steht auch an ihrem Ursprung ein in die Zukunft weisendes Wort Adriennes: „Im Jahr 1945 war mehrfach verlangt worden, ‚ich sollte eine Zeitschrift gründen'. Wie ich das als Studentenpfarrer tun sollte,

Demnächst hierzu: MANFRED LOCHBRUNNER, *Hans Urs von Balthasar als Autor, Herausgeber und Verleger*, 2002.

war mir völlig schleierhaft, ich sah keinerlei Möglichkeit. Antwort: ‚Nicht jetzt. Aber schon planen und die Leute ins Auge fassen, mit denen zusammen man sie schreiben wird.' Ein Jahr später nochmals: ‚Die Zeitschrift nicht vergessen!' Ich dachte nicht mehr ernstlich daran, und noch als wir, ein paar Leute aus der *Internationalen Theologenkommission,* eines Abends in einer Schenke bei der Via Aurelia in Rom beschlossen, die Internationale Zeitschrift *Communio* zu gründen, und diese zunächst in Paris lanciert werden sollte – und sie, weil das fehlschlug, 1972 in Deutschland zu erscheinen begann –, wäre es mir nicht eingefallen, diese heute in elf Sprachen erscheinende Zeitschrift mit dem fast vierzig Jahre früher Verlangten in Verbindung zu bringen. Erst als die Gruppe der Gründer sich verstreute, ich allein übrigblieb und mir wider Willen eine Art koordinierender Rolle zugeschoben wurde, dämmerte mir, daß hier ein Zusammenhang mit diesem einstigen Wunsch des Himmels bestehen könnte. Der ganz eigentümliche Segen, der auf diesem fragilen Geflecht über die Länder und Kontinente hin ruht, bestärkte mich in dieser Vermutung, die unmerklich zu einer Gewißheit wurde" (Unser Auftrag, S. 68f.).

Die ***Internationale Theologenkommission*** wurde 1969 von Papst Paul VI. gegründet. Sie soll der Glaubenskongregation bei der Urteilsfindung in wichtigen Glaubensfragen durch ihre Beratungen und Beschlüsse behilflich sein. Ihr gehören 30 Theologen aus verschiedenen Ländern an. Balthasar gehörte zu ihren ersten Mitgliedern.

Bei ihrem ersten Erscheinen weckt die neue Zeitschrift skeptische Reaktionen. Man betrachtet sie als konservatives Pendant zur Zeitschrift *Concilium,* die, wie der Name zeigt, den Anspruch erhebt, die durch das Zweite Vatikanische Konzil eingeleitete Erneuerung der Kirche weiter voranzutreiben. Pikanterweise war Balthasar selber Mitarbeiter von *Concilium,* und zwar für den Sektor Spiritualität. Der Zeitschrift *Communio* schreibt er ins Stammbuch, daß sie der unverwechselbaren Identität des Glaubens zu dienen habe, keine falsche Anpassung der Glaubens an die Zeitumstände propagiere, sondern sich dem Zeugnis des Glaubens verpflichtet wisse, der in der *communio* – Gemeinschaft – des dreifaltigen Gottes mit der Menschheit in Christus gründet. Diese Gemeinschaft mit Gott garantiere auch die Universalität des

Glaubens (Guerriero, S. 381). So war es auch konsequent, die Zeitschrift in verschiedenen Ländern zu veröffentlichen, ab 1972 auch in Italien, 1974 in den USA und Jugoslawien, 1975 in Frankreich, 1976 in den Niederlanden und Belgien. „Jahr für Jahr organisierte er das kleine Redaktionstreffen in Basel; Jahr für Jahr war er der unbestrittene Mittel- und Bezugspunkt der großen internationalen Redaktionskonferenz. Zu jedem der vorgeschlagenen Themen wußte er Anregungen zu geben, wies auf Schwierigkeiten hin und konnte Autoren nennen – lebende und historische. Von der Mühe, diese ‚Gemeinschaft' *(communio!)* aus zwölf Redaktionsteams aus den verschiedenen Kulturbereichen aufzubauen und zusammenzuhalten, und von den ungezählten Gesprächen am Rande der Treffen wissen nur die Freunde" (Henrici, S. 59).

Hast und Konzentration

So vieles Kleine nach allen Seiten hin fordert zersplitternden Einsatz. Radio, Fernsehen: welche Hast und Vielschreiberei, und eines deckt das andere zu; man möchte am liebsten in eine Kartause" (Henrici, S. 42). Ende 1957 bis Anfang 1958 schlagen sich Anspannungen der letzten Jahre und die immense Arbeit in einem Erschöpfungszustand nieder; sein Arbeitspensum muß Balthasar drosseln. „Ich meinte schon, einen richtigen Knacks zu haben, aber nun scheints doch wieder in Schwung zu kommen." Kaum wieder bei Kräften, trifft ihn eine schwere Venenentzündung. Ein halbes Jahr später werden Lähmungserscheinungen an Gliedmaßen spürbar; sie sind Folgen einer Leukämie. Nur über Monate hinweg gewinnt er wieder seine Kräfte zurück. Trotzdem gelingt es ihm in diesen Jahren, die Lyrik Claudels zu übersetzen, ebenso *Das Große Welttheater* von Calderón de la Barca (1600–1681), der als Priester, unendlich schöpferischer Dichter und Leiter des Theaters am spanischen Hof an Balthasars Profil erinnern mag. *Das Große Welttheater* (1675) gibt die unmittelbare Anleitung zu Balthasars Theodramaturgie: Das ganze Menschenleben ist ein Schauspiel vor dem höchsten Richterstuhl. Wiege und Grab sind die Türen, durch die man auf- und abtritt. Der Meister nimmt, von einer erhöhten Oberbühne aus, selbst am Schauspiel teil und fällt schließlich beim großen Gastmahl mit Hostie und Kelch den Richterspruch. Gottes und des Menschen Freiheit spielen also zusammen und gegeneinander. In Balthasars Perspektive muß jedoch noch der Meister selbst von seiner Oberbühne in die Tiefe springen und „unten" seine Rolle zum Heil der Spieler einnehmen.

Mit neuer Kraft beginnt Balthasar, seine *Trilogie* zu entwerfen. 1961 erscheint der erste von insgesamt 16 Bänden. Diese *Trilogie* ist es, mit der Balthasar letztendlich bekannt wurde und die ihm sozusagen einen bleibenden Platz im Pantheon der Theologen des 20. Jahrhunderts und darüber hinaus sichert. Ihre drei Teile heißen *Herrlichkeit. Eine theologische Ästhetik*,

Theodramatik und *Theologik.* In der Ästhetik führt Balthasar zur Wahrnehmung der Erscheinung *(Epiphanie)* der Herrlichkeit Gottes bei großen Gestalten der Literatur und des geistlichen Lebens, im Raum der Metaphysik und in der Bundesgeschichte Israels, die sich im Neuen Bund Christi vollendet. *Ästhetik* hat hier also den ursprünglichen Sinn von „Wahrnehmung“ (griechisch: *aisthesis*); es geht nicht zuerst um irgendein ästhetisch schönes Erlebnis. Und doch spielt auch diese Bedeutung mit in Balthasars Konzeption hinein: Das Schöne wird allerdings in einem biblischen und klassischen Sinn verstanden, als überwältigende, mitreißende Manifestation der Schönheit und Herrlichkeit Gottes in der Wirklichkeit und der Geschichte. *Wucht* (hebräisch: *kabod*) bedeutet vor allem alttestamentlich Herrlichkeit; sie zeige Gottes „Herr-heit, Hehrheit“ (Mein Werk, S. 62). Sie wird erfahren durch Jahwes starke Hand, in mächtigen Naturgewalten, aber auch in seiner „unnachgiebigen“ Liebe und Treue. Im Neuen Testament bestimmt das Stichwort *Herrlichkeit* (griechisch: *doxa;* lateinisch: *gloria*) das Johannesevangelium, ebenso immer die Briefes des Apostels Paulus. Jesus offenbart seine Herrlichkeit durch seine machtvollen Wunderzeichen, schließlich durch seine Lebenshingabe, mit der er den Vater verherrlicht. Der Vater wiederum wird den Sohn machtvoll durch die Auferstehung verherrlichen. Wer die Herrlichkeit auf dem Antlitz Jesu wahrnimmt, der glaubt und spiegelt selber die Herrlichkeit des Herrn wider (2 Kor 3,18). Die erscheinende Herrlichkeit läßt die Offenbarung Gottes „ansichtig“ werden, macht sie identifizierbar „unter den tausend anderen Phänomen in dieser Welt“ (Mein Werk, S. 62, 94).

Balthasar bedient sich ebenfalls der alten Lehre von den *Transzendentalien,* mit denen die allgemeinsten Bestimmungen der Wirklichkeit oder des Seins gemeint sind. Danach zeigt sich das Sein in seiner Einheit, Wahrheit und Gutheit als das Schöne. Etwas, das *ist,* muß *eines* sein, eine Einheit darstellen; andernfalls könnte man es nicht als solches und in seiner Gestalt wahrnehmen. Etwas ist *wahr,* insofern es sich selbst entspricht, seinem Wesen, seiner Grundidee, und sich so auch darstellt, anderem zeigt, sich für anderes erkennbar macht. Was und wer sich in seiner Wahrheit zeigt, ist schön, entspricht sich, ist stimmig, harmonisch, wohlklingend. Indem sich die Dinge zeigen, wie sie sind, können sie auch erstrebt werden als ein Gut. Sie sind ebenfalls in sich und für sich *gut* nach dem Maße ihres Seins, ihrer Wirklichkeitsdichte und ihrer Intensität, sich zu verschenken, für anderes dazusein zu dessen Gunsten und Gutsein. Was gut ist und gut tut, ist schön. Der ideale Zusammenklang dieser Eigenschaften des Seins wird als Schönheit empfunden.

Die Trilogie folgt diesen Transzendentalien des Seins. Während Balthasar in seiner theologischen Ästhetik *Herrlichkeit* erörtert, wie die eine Gestalt der Offenbarung dem Menschen im Glauben in ihrer Schönheit und Herrlichkeit evident wird, entfaltet er in der *Theodramatik* das Gute, das Gott durch sein Handeln am Menschen wirkt, und wie der Mensch mit seiner Freiheit auf Gottes Handeln in Kooperation und Opposition antwortet.

HANS URS VON BALTHASAR, *Theodramatik*, 5 Bde., 1973–1983 (Kurztitel = **Theodramatik**).

Die *Theologik* umkreist die Frage nach der Wahrheit der Wirklichkeit, in der sich Gott offenbaren kann, und dem Wirken des Heiligen Geistes, der zur Wahrheitserkenntnis befähigt. Alle Überlegungen loten das Geheimnis des dreifaltigen Gottes aus.

HANS URS VON BALTHASAR, *Theologik*, 3 Bde., 1985–1987 (Kurztitel = **Theologik**).

Er ist der *eine* Gott, der *gut* ist, indem er sich in seinem Gutsein mitteilt: in Zeugung des Sohnes und in der Hauchung des Geistes; der *wahr* ist, weil Vater und Sohn sich entsprechen und im Geist der Wahrheit füreinander offenbar sind. Deshalb ist dieser dreieine, „wohlproportionierte" Gott schön und herrlich. Theologie kann immer nur herrliche Theologie sein (Mein Werk, S. 62–69, 89, 92–96). 1987 kommt Balthasars Hauptwerk mit einem *Epilog* zum Abschluß.

Auffällig bleibt, daß Balthasar nicht zur Teilnahme am Zweiten Vatikanischen Konzil (1962–1965) geladen wird, wenngleich er wieder zu den ersten Mitgliedern der Internationalen Theologenkommission gehört, was eine klare Anerkennung seiner Theologie seitens des kirchlichen Lehramtes und des

Papstes bedeutet. Die Tatsache seiner Abwesenheit bezeichnet de Lubac als merkwürdig und beschämend, gleichzeitig nimmt Balthasar in vielfältiger Form zum Konzil Stellung; ein kritischer Unterton ist dabei nicht zu überhören (Guerriero, S. 225).

1971 ist er als Sekretär der zweiten Bischofssynode eingeladen, die sich mit dem priesterlichen Dienst beschäftigt. Er entwirft das Dokument über priesterliche Spiritualität. Man ehrt Balthasar im selben Jahr durch den *Romano-Guardini-Preis* der *Katholischen Akademie in Bayern;* er wird zum *Corresponding Fellow* der Britischen Akademie ernannt. Zum 70. Geburtstag beschenkt ihn die *Académie Française* mit der Ernennung zum *Associé Étranger.* Mit seinen zahlreichen Übersetzungen verdient er sich den Übersetzerpreis der *Fondation Hautviller* in Paris. In Zürich überreicht man ihm den *Gottfried-Keller-Preis.* Im Herbst 1977 veranstaltet man in den USA das erste Symposion über seine Theologie an der *Catholic University of America* in Washington. 1980 folgt ebenda der Ehrendoktorhut. 1984 wird ihm der *Premio Internazionale Paolo VI* von Papst Johannes Paul II. überreicht. Zum 80. Geburtstag 1985 findet in Rom ein internationales Symposion über *Adrienne von Speyr und ihre kirchliche Sendung* statt. 1987 zurück zur Musik und den Anfängen in der Kindheit: Balthasars vielfältige Begabung wird auch dadurch anerkannt, daß er den *Wolfgang-Amadeus-Mozart-Preis* der Stadt Innsbruck erhält. In seiner Ansprache anläßlich der Verleihung bekennt er erneut seine große Leidenschaft für Mozart. „Die Jugend war bestimmt durch Musik; ich hatte als Klavierlehrerin eine alte Dame, die Schülerin von Clara Schumann gewesen war, die mich in die Romantik einführte, deren letzte Ausläufer ich als Student in Wien auskostete: Wagner, Strauß und besonders Mahler. Das alles nahm ein Ende, als ich Mozart ins Ohr bekam, der dieses Ohr bis heute nicht mehr verließ; so teuer mir in den reifen Jahren Bach und Schubert blieben, Mozart war der unverrückte Polarstern, um den die zwei andern (der Große und der Kleine Bär) kreisten" (Guerrerio, S. 420). Es bleibt in diesem Zusammenhang noch nachzutragen, daß Balthasar nach dem Tod von Adrienne von Speyr seine Stereo-Anlage verschenken konnte, weil er sie nicht mehr brauchte: „er kenne Mozarts gesamtes Werk auswendig, sehe im Geist die Partitur vor sich und höre die Musik“ (Henrici, S. 20).

Progressiv oder konservativ?

Es verwundert nicht, daß man dem bekanntgewordenen Schweizer Theologen mehrfach Lehrstühle im deutschsprachigen Raum anbot, z. B. an der Tübinger Fakultät. Vergeblich, zum einen drohte ihm wegen des Ordensaustritts ein Lehrverbot, zum anderen zog er seine freie Zeit neuen Bindungen vor, um an seinen eigenen Projekten besser arbeiten zu können. Nach Henrici wäre der einzige Lehrstuhl, den Balthasar wohl angenommen hätte, einer an der Philosophischen Fakultät Basel gewesen (Henrici, S. 39). 1965, zum 60. Geburtstag, erhält er das *Goldene Kreuz* vom hl. Berg Athos: man anerkennt seine Bemühungen um die Vermittlung orthodoxer Theologie im Westen.

HANS URS VON BALTHASAR, *Klarstellungen. Zur Prüfung der Geister,* 1971 (Kurztitel = **Klarstellungen**); *Neue Klarstellungen,* 1979 (Kurztitel = **Neue Klarstellungen**).

Ehrendoktortitel der Universitäten von Edinburgh, Münster und Freiburg in der Schweiz zeigen an, wie sehr man Balthasars Theologie schätzt. Die „nicht-katholischen“ Auszeichnungen vom Berg Athos und von Edinburgh heben die ökumenische Wertschätzung hervor, die Balthasar zuteil wird. Gleichzeitig nennt man ihn einen Reaktionär, weil er in verschiedenen *Klarstellungen* und anderen Schriften auch unzweideutig auf Gefahren der Kirche aufmerksam macht, die vor allem in der Zeit nach dem Konzil spürbar werden. Die vom Konzil beabsichtigte „Verheutigung“ *(aggiornamento)* des Glaubens könne nicht auf Profillosigkeit hinauslaufen. Während Balthasar in der aus der Begegnung mit Karl Barth erwachsenen Schrift *Schleifung der Bastionen* (1952) darauf drang, daß sich die Kirche entsprechend dem universellen Heil Christi aus jeder Isolierung befreien, ihren Weltauftrag erfassen und sich der Aufgabe der Ökumene stellen müsse, so schien es vielen, daß Balthasar spätestens nach dem Konzil wieder heftig zurückrudere. Für ihn selbst ging es jedoch jedesmal um das Zeugnis für Gottes Erwählung aller Menschen in Christus. Das universelle Heil in Christus sieht er verwässert, wenn man es auf einen nur christlich eingefärbten Humanismus reduziert, oder Christus nur als Etappe innerhalb einer evolutiven Bewegung der Gesamtmenschheit versteht, die ohnehin von sich aus ihr Ziel findet und dabei Gott zu einem Sinnbild ihrer eigenen Größe und Vollkommenheit herabsetzt (Mein Werk, S. 42–46). Das Universelle, Allgemeine und Humane des Christentums ist niemals gegen die Konkretheit und Einmaligkeit Christi auszuspielen, ebensowenig gegen die konkrete Kirche. Das universelle Heil soll gerade durch das unwiederholbare und unüberholbare Leben, Sterben und Auferstehen Jesu volle Wirklichkeit werden, weil es den konkreten Menschen erreichen soll, weil es ein geschichtliches Ereignis ist zwischen göttlicher und menschlicher Freiheit und darum nicht in eine abstrakte, allgemeine Idee aufgelöst werden kann. Balthasar greift den Gedanken des *universale concretum* auf, um das Geheimnis Christi zu erläutern: Das Universelle, Allgemeine, die Einheit zwischen Gott und Mensch sowie das Wesen des Menschen, das *Humanum* also, ist konkret geworden im Gottmenschen Christus und nur so, in dieser Konkretheit ist es auch real. Ebensowenig kann man den „Universalisierer“ (Theologik III, S. 180–186) des Heilswerkes Christi, den Heiligen Geist, gegen Christus und die immer nur konkret und geschichtlich reale Kirche ausspielen. Der universelle Erwählungs- und Heilswille Gottes ist nur real in Verbindung mit der konkreten Gestalt Jesu Christi. Und das ist nicht nur aufgrund göttlicher Anordnung so. Es verhält sich so, weil, wie im Zusammenhang mit den Hinweisen zu Maximus Confessor erläutert, Jesus den Heilswillen Gottes unverkürzt verwirklicht: Er hat den Heilswillen Gottes in seiner menschlichen Freiheit „ankommen“ lassen und ergriffen. Dadurch gibt es einen Punkt im Theodrama, d.h. in der Geschichte zwischen göttlicher und menschlicher Freiheit, wo das Zusam-

Vgl. Eva-Maria Faber, *Universale concretum bei Hans Urs von Balthasar*, in: *Internationale kath. Zeitschrift „Communio“* 29 (2000), S. 258–273.

menspiel beider Freiheiten in jeder Hinsicht gelungen ist. Genau das bedeutet Heil: das Zueinander- und Ineinander von göttlicher und menschlicher Freiheit. Und dies kann eben nur in der Geschichte geschehen – dort, wo der Mensch handelt und mittels seiner Freiheit Geschichte macht. Ein abstraktes, übergeschichtliches Heil wäre kein Heil, das den Menschen in seiner Freiheit ergreifen und mit Gott verbinden könnte. Dementsprechend muß das Zeugnis des Christen konkret sein: Es muß sich auf Christus und dessen Kirche beziehen, nicht nur auf einen allgemeinen Gedanken, den man auch von Christus und der Kirche abstrahieren könnte. Aus diesem Grund polemisiert Balthasar gegen alle Versuche, aus dem Christentum eine allgemeine Idee (Ideologie, Weltanschauung, soziales Programm) zu machen, welche die Geschichte und Einmaligkeit von Christus und Kirche relativiert oder hinter sich zurückläßt. Immer geht es ihm um die Universalität eines konkreten Ereignisses, das es zu bezeugen gilt. Darum hat die Kirche falsch verstandene Bastionen zu schleifen, deshalb ist sie und jedes ihrer Glieder aber auch zum Zeugnis für Christus gerufen. In diesem Zusammenhang steht auch Balthasars Kritik an Karl Rahners Idee des *anonymen Christen*.

„Nicht frech werden, Junge" oder: Was ist ein anonymer Christ?

Diese Kritik trifft Karl Rahner selbst faktisch nicht, sondern popularisierende Formen dieser Idee, wie sie etwa von nordamerikanischen Theologen formuliert wurden (Prüfet alles, S. 38f.). Als Freund des Theaters hat Balthasar seine Kritik am *anonymen Christen* und anderen Strömungen in der Gegenwartstheologie in einem fingierten Dialog bzw. Verhör zwischen einem Kommissar (der unverkennbar sowjetische Züge trägt) und einem Christen verpackt. Der Dialog hat die Überschrift: „Wenn das Salz dumm wird". Balthasar spielt damit auf einen Ausdruck des lutherischen Philosophen Hegel an, der mit demselben, abgeänderten Wort Jesu aus der Bergpredigt

(„Ihr seid das Salz der Erde", Mt 5,13) die zahnlose evangelische Theologie seiner Zeit verhöhnte, die sich vor der Aufgabe davonstehle, die Wahrheit des Christentums gegenüber den Kritikern der Aufklärung zu verteidigen und zu beweisen.
Diese Flucht nimmt Balthasar ebenfalls in der Theologie des 20. Jahrhunderts wahr. Statt sich anzustrengen und das Wissen um den vorösterlichen (historischen) Jesus gegenüber der Kritik zu begründen, flüchte man sich in den Glauben an das *Kerygma*, d. h. an die Verkündigung der Gemeinde, die als einzige im Neuen Testament zu finden sei. Damit wird aber die historische Gestalt Jesu für immer zugedeckt und verborgen. Der Glaube erwächst dann nicht aus einer Begegnung mit Jesus, sondern aus einem „Sprachereignis": aus der Begegnung mit der Verkündigung der Gemeinde, was zum Vertrauen in Gottes Verheißung führen soll. Diese Position findet man in etwa bei dem evangelischen Exegeten Rudolf Bultmann (1884–1976), der eine Reihe Nachfolger gehabt hat.
In der Auseinandersetzung mit Bultmann sind aber exegetische Methoden entwickelt worden, die zeigen, daß die Verkündigung der Gemeinde im vorösterlichen Jesus, in seinen Worten und Taten sowie in seinem Leben und Sterben einen berechtigten Ausgangspunkt hat.

Überzeugend: JOACHIM GNILKA, *Jesus von Nazaret,* 1990. Vgl. auch Randnote S. 111.

Balthasar polemisiert ebenso gegen die forcierte Weltzugewandtheit des Christen, die viele durch das Zweite Vatikanische Konzil befördert sahen. Damit gingen sie aber in der Sache am Anliegen des Konzils vorbei, indem sie eine allzu schlichte Anpassung an den Zeitgeist vorantrieben.
Wenn in diesem Zusammenhang auch der Name des Jesuiten Pierre Teilhard de Chardin fällt, dann bringt dies keinesfalls Balthasars Geringschätzung dieses Theologen zum Ausdruck, der versucht hatte, den Gedanken der Evolution mit einer christlichen Weltanschauung zu vereinbaren.
Wenngleich Balthasar um die Schwierigkeiten der Theologie von Teilhard de Chardin weiß (das Böse

Pierre Teilhard de Chardin (1881–1955), Naturwissenschaftler und Theologe, wegen seiner Thesen lebenslanges Veröffentlichungsverbot. Gilt als Beispiel für ein neues Zueinander von Kirche und Welt, Glaube und Naturwissenschaft. Einfluß auf das II. Vatikanische Konzil (*Gaudium et spes,* vgl. Randnote S. 35).

Befreiungstheologie: Auslegung der befreienden Botschaft des Evangeliums mit sozialen und politischen Schwerpunkten. Besonders in Lateinamerika verbreitet.

wird etwa als Fehlentwicklung der Evolution gedeutet), so anerkennt er – wie auch Henri de Lubac – dessen Anliegen und zielt mit seinem polemisierenden Dialog eher auf eine platte gesellschaftspolitische Anwendung des Evolutionsgedankens, wie sie beispielsweise von marxistischen Denkern betrieben wurde und nun ebenfalls Strömungen in der Theologie bestimmt, darunter einige – nicht alle! – Formen der *Befreiungstheologie.*

Hier nun endlich der ungekürzte Dialog, an dessen Ende das Stichwort vom *anonymen Christen* fällt:

„*Der wohlgesinnte Kommissar*: Genosse Christ, kannst du mir einmal klaren Wein einschenken darüber, was mit euch Christen los ist? Was wollt ihr eigentlich noch in unserer Welt? Worin seht ihr eure Daseinsberechtigung? Was ist euer Auftrag?

Der Christ: Zunächst einmal sind wir Menschen wie andere auch, die am Aufbauwerk der Zukunft mitarbeiten.

Der Kommissar: Das erste glaube ich dir, und das zweite will ich hoffen.

Der Christ: Wir sind nämlich seit neuestem ‚weltoffen', einzelne von uns haben sich sogar ernsthaft ‚zur Welt bekehrt'.

Der Kommissar: Das scheint mir ein verdächtiges Pfaffengerede. Wäre ja noch schöner, wenn ihr, ‚Menschen wie andere auch', euch erst noch zu einem menschenwürdigen Dasein zu bekehren hättet. Also zur Sache. Warum seid ihr noch Christen?

Der Christ: Wir sind heute mündige Christen, wir denken und handeln in eigener sittlicher Verantwortung.

Der Kommissar: Will ich ebenfalls hoffen, wenn ihr euch schon als Menschen ausgebt. Aber ihr glaubt doch irgendwas Besonderes ?

Der Christ: Das ist nicht so wichtig, auf das epochale Wort kommt es an, der Ton liegt heute auf der Nächstenliebe. Wer den Nächsten liebt, der liebt Gott.

Der Kommissar: Falls er existieren würde. Aber da er nicht existiert, liebt ihr ihn eben nicht.

Der Christ: Wir lieben ihn einschlußweise, ungegenständlich.

Der Kommissar: Aha, euer Glaube hat also keinen Gegenstand. Wir kommen weiter. Die Sache klärt sich.
Der Christ: Ganz so einfach ist sie allerdings nicht. Wir glauben an Christus.
Der Kommissar: Auch schon gehört von dem. Aber scheint's weiß man historisch verflixt wenig von ihm.
Der Christ: Zugegeben. Praktisch nichts. Darum glauben wir weniger an den historischen Jesus als an den Christus des Kerygmas.
Der Kommissar: Was ist das für ein Wort? Chinesisch?
Der Christ: Griechisch. Es heißt die Verkündigung der Botschaft. Wir fühlen uns vom Sprachereignis der Glaubensbotschaft betroffen.
Der Kommissar: Und was steht denn in dieser Botschaft?
Der Christ: Es kommt drauf an, wie man von ihr betroffen wird. Sie kann einem die Vergebung der Sünden zusprechen. Das war jedenfalls die Erfahrung der Urgemeinde. Sie muß dazu angeregt worden sein durch die Ereignisse um den historischen Jesus, von dem wir freilich nicht genug wissen, um sicher zu sein, daß er ...
Der Kommissar: Und das nennt ihr Konversion zur Welt. Ihr seid ja die gleichen Dunkelmänner wie eh und je. Und mit solch diffusem Geschwätz wollt ihr am Aufbau der Welt mitarbeiten!
Der Christ (spielt seinen letzten Trumpf): Wir haben Teilhard de Chardin! Er hat in Polen eine große Wirkung!
Der Kommissar: Haben wir selber schon. Brauchen wir nicht erst von euch zu erwerben. Aber schön, daß ihr endlich auch soweit seid; tut bloß noch den mystischen Krimskrams hinaus, der hat mit Wissenschaft nichts zu tun, dann können wir uns miteinander über die Evolution unterhalten. Auf die andern Geschichten lasse ich mich nicht ein. Wenn ihr davon selber so wenig wißt, seid ihr nicht weiter gefährlich. Uns spart ihr damit eine Kugel. Wir haben in Sibirien sehr nützliche Lager, dort könnt ihr eure Menschenliebe beweisen und tüchtig an der Evolution mitarbeiten. Es wird mehr dabei herauskommen als auf euren deutschen Kathedern.

Der Christ (etwas enttäuscht): Sie unterschätzen die eschatologische Dynamik des Christentums. Wir bereiten das kommende Reich Gottes. Wir sind die wahre Weltrevolution. Egalité, liberté, fraternité: das ist ursprünglich unsere Sache.
Der Kommissar: Schade, daß andere die Schlacht für euch schlagen mußten. Nachträglich ist es nicht schwer, dabei zu sein. Euer Christentum ist keinen Schuß Pulver wert.
Der Christ: Sie sind bei uns dabei! Ich weiß, wer sie sind. Sie meinen es ehrlich, sie sind ein anonymer Christ.
Der Kommissar: Nicht frech werden, Junge. Auch ich weiß jetzt genug. Ihr habt euch selber liquidiert und erspart uns damit die Verfolgung. Abtreten."

HANS URS VON BALTHASAR, *Cordula oder der Ernstfall* (1967), 4. Aufl. 1987, S.110–112 (Kurztitel = **Cordula**).

Ab dem Nachwort zur dritten Auflage von *Cordula* geht Balthasar auf seine Polemik gegen Karl Rahner ein, zumal auch entsprechende kritische Anfragen an Balthasar gerichtet wurden. Zum einen erinnert er an die „Bewunderung", die er Rahners Geisteskraft zolle, zum anderen auch an grundsätzliche Bedenken angesichts seines theologischen Ansatzes, der Balthasar zufolge zu sehr vom Ausgangspunkt beim menschlichen Subjekt bestimmt sei. Schließlich anerkennt Balthasar, daß die Theorie vom anonymen Christen mit Rahners Gnadenlehre verbunden sei, wodurch sie „theologisch abgeschirmt" sei. Was damit gemeint ist, wird sofort deutlich. Balthasar sieht in dieser Theorie die Gefahr einer simplifzierenden Auslegung, der Schüler von Rahner aufsitzen (Cordula, S. 124 f.). Um derartige Mißverständnisse zu vermeiden, zieht Balthasar die klassische Sprechweise vom impliziten Glauben eines Nichtchristen vor, die damit zum Ausdruck bringt, daß auch dieser eine Heilschance besitzt. Bei Rahners These vom anonymen Christen ist nun zu beachten, daß er nicht in naiver Weise allen Menschen – unabhängig von ihrer persönlichen Überzeugung – unterstellt, sie seien doch Christen. Rahner stellt sich vielmehr genauso wie Balthasar vom Standpunkt des gläubigen Katholiken aus die Frage, wie es um die Heilschance der Nichtchristen stehe. Wie Balthasar ist ebenso Rahner vom

universellen Heilswillen Gottes überzeugt, genauso vom universellen Wirken des Heiligen Geistes. Dieser Heilswille schwebt nun nicht abstrakt über den Menschen, sondern er bestimmt sie auch vor ihrem persönlichen Handeln. Ein Mensch öffnet sich daher, wenn er Gutes tut, ohne es ausdrücklich wollen zu müssen, dem Wirken des göttlichen Heilswillens und dem Wehen des Geistes Christi. Dadurch bezieht er sich implizit auf den einen und einzigen Heilsmittler. In diesem Sinn ist er dank des Heilswillens Gottes auf Christus bezogen und in dieser Hinsicht ein anonymer Christ. Lubac versteht seine eigene Rede vom anonymen Christen genauso (Cordula, S. 128 f.). Es geht also nicht darum, jemandem, der ausdrücklich kein Christ sein will, zu unterstellen, er sei im Grunde doch ein Christ. Ebensowenig erklärt Rahner Verkündigung und Mission für überflüssig. Es sind auch nicht alle Religionen gleich, weil sie in anonymer Weise mit dem Christentum identisch wären.
In einer anderen Begrifflichkeit sagt Balthasar genau dasselbe wie Rahner, wenn er im Rückgriff auf Origenes, Barth und Adrienne von Speyr den Gedanken einer universellen Heilshoffnung entwickelt, die sogar noch die umfaßt, die als Sünder gestorben sind. Davon wird gleich die Rede sein.

Karl Rahners Abscheu vor Anselm?

Eine andere Kritik Balthasars an Rahner bezieht sich auch wieder eher auf ein Zerrbild des Jesuitenkollegen, als auf Rahner selbst – wie auch oft umgekehrt Rahners Kritik an Balthasar von Überzeichnungen ausgeht. Beide Theologen sind leider ein Beispiel dafür, wie man über nicht geringe Strecken aneinander vorbeireden kann. Balthasar behauptet etwa, daß die These vom anonymen Christen das Kreuz Christi um seinen Wert bringe, vor allem das stellvertretende Sühneleiden Christi zur Seite schiebe, und zwar „aus Abscheu gegen die Kreuzeslehre des hl. Anselm" (Prüfet alles, S. 39; Cordula, S. 124 ff.). Diese Aussage ist in ihrer Schärfe nicht korrekt. Rahner ist da-

Anselm von Canterbury (1033–1109), Erzbischof und Primas der Kirche in England, hat jüdischen und muslimischen Anfragen gegenüber rationale Argumente für die Menschwerdung Gottes angegeben und dazu eine *Satisfaktions-*, d.h. *Genugtuungslehre* entwickelt, die heute vielen Mißverständnissen ausgesetzt ist. Vgl. dazu GISBERT GRESHAKE, *Gottes Heil – Glück des Menschen*, 1983, S. 80–104.

von überzeugt, daß zum anonymen Christsein eine Hoffnung gehört auf Überwindung eigener und fremder Schuld sowie ein implizites Mittragen der Weltsünde.

Da außerdem Anselms Lehre von der sühnenden, stellvertretenden Genugtuung Jesu vielen Mißverständnissen ausgesetzt ist, zieht er es vor, von einer Solidarität Christi mit dem Sünder zu sprechen. Er meint damit jedoch keine dem inkarnierten Logos äußerlich bleibende Solidarität. Schließlich will Rahner den Eindruck vermeiden, Christus müsse durch sein Tun Gottes Heilswillen erst „herstellen", so als ob erst das Kreuz aus einem zornigen Gott einen barmherzigen „mache". Gottes Wille ist aber nicht „machbar"; keine endliche Realität oder Kausalität kann ihn verändern. Vielmehr ist Rahner – und Balthasar – zufolge der Heilswille Gottes der Ausgangspunkt von Menschwerdung und Kreuz. Gott versöhnt die Welt mit sich und nicht umgekehrt; es ist nicht die Welt, die von sich aus Gott mit sich versöhnt. Gott nimmt den Menschen allerdings in sein Heilswerk mit hinein. Deshalb ist für Rahner – wie auch für Balthasar – die menschliche Freiheit Jesu von so großer Bedeutung. Der menschliche Wille Jesu zur Selbsthingabe, die am Kreuz ihre Vollendung findet, muß also zum Heilswillen Gottes hinzutreten. Dieses Kreuz nennt Rahner die Zielursache des göttlichen Heilswillens; ohne dieses Ziel – und damit ohne den Willen Jesu – gäbe es den alle Menschen betreffenden Heilswillen Gottes nicht. Das Kreuz ist also keine bloße Veranschaulichung eines immer schon mit der Welt versöhnten Gottes. Es muß vielmehr etwas geschehen: das Leben und Sterben Jesu – der Wille Jesu – muß Wirklichkeit werden. Dann gibt es anonyme Christen. Faktisch erklärt Rahner mit der von ihm so herausgestellten menschlichen Freiheit des inkarnierten Logos den Sinn der Anselmschen Erklärung der Erlösung. Jesus hat in der Tat *genug getan (satisfacere)* und so *Satisfaktion* geleistet („verdient"), indem er den Heilswillen Gottes in seinem menschlichen Willen verwirklicht hat, auch angesichts des Widerstands der Sünde, der ihn ans Kreuz schlägt. Nicht ein Sühneopfer wird einem durch die Sünde beleidigten Gott stellvertretend dargebracht, um ihn in seinem Zorn über die Sünde zu besänftigen. Der Mensch kann auf den unendlich überlegenen Gott nicht einwirken, auch nicht durch eine Beleidigung – so versteht man jedoch Anselm sehr oft. Anselm meint indessen: Der Mensch kann zum Feind seines eigenen Lebens werden, indem er die von Gott errichtete Ordnung in Schöpfung und Geschichte mißachtet und sündigt. Die „Beleidigung" betrifft diese Heilsordnung. Will Gott den Menschen dieser Ordnung gemäß erlösen, so kann dies nur dadurch geschehen, daß jemand wieder entsprechend dieser Ordnung seine Freiheit verwirklicht – dann verwirklicht er den Heilswillen Gottes stellvertretend und stellt die Ordnung des Heils für alle wieder her. Ein solcher Mensch kann aber nur ein sündenfreier Mensch sein; er muß außerdem Gottes Sohn sein, wenn er den Menschen endgültig mit Gott verbinden soll. Diese recht verstandene Erlösungslehre Anselms kennzeichnet auch Rahners Verständnis der Erlösung: Jesus veranschaulicht nicht, sondern er verwirklicht den Heilswillen Gottes in seiner Freiheit für alle und verbindet als der Gottmensch und absolute Heilsbringer grundsätzlich alle Menschen mit Gott. In Sorge um ein rechtes Verständnis umgeht Rahner nur manche schnell mißverständliche Begriffe. Man kann natürlich darüber streiten, ob dieses Vermeiden mißverständlicher Begriffe wie der des *Sühnopfers* der richtige Weg ist. In der Sache kann aber kein begründeter Zweifel an Rahners Erlösungslehre bestehen. Immerhin räumt Balthasar ein, daß Rahners Fragestellungen „ja zumeist pastoral bedingt" waren (Prüfet alles, S. 38), was dessen Zurückhaltung im Fall der Satisfaktionslehre Anselms begründet. Mit „Abscheu" hat das aber nichts zu tun, sondern mit einer Sensibilität für Zuhörer.

Zur Erlösungslehre Rahners vgl. KARL-HEINZ MENKE, *Stellvertretung,* 1991, S. 357–363.

Leergefegte Hölle?

Die von Rahner markant herausgestellte Bedeutung des universellen, sich auf jeden Menschen wirksam beziehenden Heilswillen gehört erst recht zur Grundüberzeugung Balthasars. Deshalb gerät er ironischerweise am Ende seines Lebens unversehens wieder in die Schußlinie von Kritikern, die Balthasar als neuen Origenes und gefährlichen Neuerer abstempeln – der Konservative kommt in den Ruf falscher Progressivität. Aufgrund des von Karl Barth herausgestellten Gedankens der Erwählung aller Menschen in Christus und aufgrund der mystischen Einsicht Adrienne von Speyrs in die Bedeutung des Höllenabstiegs Jesu, kommt Balthasar zu der Überzeugung, daß die Hölle auch „leer" sein *könnte*. Eine nicht mehr zu überbietende Hölle habe Christus durchlitten und durchschritten, indem er das Konzentrat aller Sünde, d.h. jeder Trennung des Menschen von Gott in sein Verhältnis zu Gott dem Vater habe hineindringen lassen. Deshalb, so Balthasar, bestehe eine Hoffnung auf eine Rettung aller Menschen. Im Sinn dieser Hoffnung auf Rettung für alle versteht auch Balthasar die sogenannte *Apokatastasislehre* des Origenes. Diese Allversöhnungs- und Allwiederherstellungslehre, die auch noch die Rettung der Dämonen umfassen soll, wurde zwar von der Synode in Konstantinopel 543 verurteilt. Origenes hatte diese Lehre aber eher als eine Hypothese verstanden, als Ausdruck einer universalen, den Kosmos miteinbeziehenden Hoffnung. Lubac konnte nachweisen, daß die Position des Origenes nicht mit der verurteilten Position identisch ist.

Zur ganzen Thematik vgl. DANIELA ENGELHARDT, *Im Angesicht des Erlöser-Richters. Hans Urs von Balthasars Neuinterpretation des Gerichtsgedankens*, 1999.

HENRI DE LUBAC, *„Du hast mich betrogen, Herr!". Der Origenes-Kommentar über Jeremia 20,7*, 1984.

Origenes verkündete keine leergefegte Hölle. Er stellte vielmehr deutlich heraus, daß man nicht dem universellen Erbarmen Gottes in irgendeiner einschränkenden Weise vorgreifen könne, sowenig wie man aus dem Erbarmen Gottes die Tatsache einer leeren Hölle ableiten kann; ein Nein des Menschen zu Gottes Erbarmen bleibt wegen der menschlichen Freiheit immer möglich.

Visionen von „vollen“ Höllen, wie sie etwa heilige Mystiker hatten, stellen für Balthasar keinen Einwand dar. Sie weisen in massiver Form auf die Möglichkeit des Mißbrauchs menschlicher Freiheit hin. Auch die von Jesus verwendeten Bilder von der ewigen Höllenstrafe dürfen nicht mit Beschreibungen einer bereits feststehenden Tatsache gleichgesetzt werden. Jesu Rede von der Hölle ist Teil seiner *Paränese*, d.h. seiner Mahnungen und Ermunterungen, das in ihm angebrochene und präsente Reich Gottes im Glauben anzunehmen, um so dem Reich des Bösen und des Todes zu entkommen. Allerdings hat man über weite Strecken der Theologiegeschichte hinweg diese Mahnreden als Aussagen über eine zukünftige Wirklichkeit verstanden. Wenn die Jünger Jesus fragen, „Herr, sind es nur wenige, die gerettet werden?“, und er antwortet, „Bemüht euch mit allen Kräften, durch die enge Tür zu gelangen; denn viele, sage ich euch, werden versuchen hineinzukommen, aber es wird ihnen nicht gelingen“ (Lk 13,23f.), so scheinen viele Menschen nicht gerettet zu werden. Thomas von Aquin bedenkt, daß normalerweise die meisten Menschen das erreichen, was ihrer Natur gemäß ist; jeder kann Lesen, Schreiben und Musizieren lernen. Aber es seien immer nur wenige, die das, was über das Normale und Gewöhnliche hinausgeht, auch noch erreichen. Deshalb sind auch z.B. Begabungen wie die eines Mozart, Goethe oder Balthasar nicht die Regel. Deren geistiges Niveau erreichen immer nur wenige. Damit steht für Thomas fest: Weil die göttliche Gnade des Himmels in unendlichem Maß über das Normale und Natürliche des Menschen hinausgeht, erreichen auch immer nur wenige diese Gnade, folglich werden nur wenige gerettet. Balthasar zeigt, daß bei einer Reihe von Mystikern die Einsicht eine andere war.

THOMAS VON AQUIN, *Summa theologiae* I 23, 7 ad 3.

Eine Reihe von Theologen beanspruchte es freilich besser zu wissen als Balthasar und brachte ihn in *Häresieverdacht*. Die Aussagen der Schrift und die Höllenvisionen von vielen Heiligen sprächen eine andere Sprache. Gegen diese „Infernalisten“ verteidigt Balthasar seine Rechtgläubigkeit in zwei kleineren Schriften.

Am heftigsten: JOHANNES ROTHKRANZ, *Die Kardinalfehler des Hans Urs von Balthasar,* 2. Auflage 1989.

HANS URS VON BALTHASAR, *Was dürfen wir hoffen?,* 1986, und *Kleiner Diskurs über die Hölle,* 1987.

Charisma und Amt

Comunione e Liberazione gehört neben vielen anderen (Gemeinschaft der Seligpreisungen, Neokatechumenat, Charismatische Gemeindeerneurung, Emmanuel, Betania, Cruzadas) zu den ***neuen geistlichen Bewegungen***.

Die letzten Jahre seines Lebens sind von einer wachsenden Flut an Arbeit geprägt. Erneut reißen vielfältige Anfragen aus der Konzentration literarischer Arbeit. Krankheiten und eine Augenoperation kommen hinzu. Postberge gilt es abzutragen, dazwischen wieder Exerzitienkurse. Henrici erwähnt drei Freundeskreise, die Balthasars letzte Jahre prägten: Die bereits erwähnten jüngeren Priester und Laien, die sich mit seiner Theologie auseinandersetzten; der Kreis um die Zeitschrift *Communio* und sein Kontakt zur Bewegung *Comunione e Liberazione,* eine 1954 von dem italienischen Priester Luigi Giussani (*1922) gegründete *neue geistliche Bewegung.*

Neue Gemeinschaften

In dieser wie in vielen anderen Gemeinschaften sah Balthasar ein überzeugendes Zeichen der Zeit; viele seiner Ideen, gerade auch die über den Laien in der Kirche und das gottgeweihte Leben, schienen hier verwirklicht. Kirche ist wesentlich immer charismatische Kirche – Kirche, in welcher der Heilige Geist besondere Begabungen weckt, die den sich jeweils ändernden Anforderungen der Zeit entsprechen. Charismen können einzelnen verliehen werden. Aber dies geschieht, wie Balthasar betont, stets „zugunsten des Ganzen". Darüber hinaus kann Gott durch einzelne charismatische Persönlichkeiten Gemeinschaften ins Leben rufen, die einen Beitrag zur Verwirklichung der Sendung der Kirche leisten. Das Gemeinschaftsleben als solches bezeugt die Kirche in ihrer Gemeinschaftsstruktur und verweist auf Gott, der die Gemeinschaft von Vater, Sohn und Heiligem Geist ist. Balthasar denkt dabei vor allem an die verschiedenen Ordensgemeinschaften der Kirchengeschichte, aber eben auch an

Formen des gottgeweihten Lebens und religiöse Gruppierungen, die der Geist Gottes in der Gegenwart entstehen läßt.
Zwischen Charisma und Amt gibt es Balthasar zufolge keinen theologischen Gegensatz; das von Jesus Christus eingesetzte Amt empfängt seine „offizielle" Wirksamkeit ebenso durch den Heiligen Geist und ist daher charismatisch. Doch braucht die Kirche immer wieder besondere charismatische Berufungen, die einzelne Aspekte des Lebens Jesu bezeugen. So bezeugt die Gemeinschaft der Franziskaner insbesondere die Armut Christi. Die geistig-geistliche Haltung des hl. Franziskus stützt die Kirche und die Träger ihrer Ämter, wodurch diese ihrer in der Weihe empfangenen Beauftragung gerecht werden können.
Obwohl Balthasar sich über die verschiedenen neuen Berufungen zu einem gemeinschaftlichen Leben in der Kirche freut, nimmt er kein Blatt vor den Mund, um auf Mißstände hinzuweisen. Bei einer ganzen Reihe von Bewegungen sieht er die starke Neigung, „sich in sich selbst abzuschließen". Es bestehe die Gefahr, sich unbewußt absolutzusetzen: „Kommt zu uns, wir sind die wahre katholische Kirche!" Ein isoliertes Charisma, das sich nicht mehr ins Konzert der Gesamtkirche integrieren lasse, werde „allmählich ideologisiert"; man nehme das eigene Charisma „entweder für das Ganze der Kirche, während es doch nur ein Beitrag an das Ganze ist, oder man verabsolutiert den Teil und hält ihn für den Inbegriff des Evangeliums". Balthasar insistiert darauf, daß sich alle neuen Bewegungen „in der Mitte der Kirche aufhalten" müssen und in der Lage sein sollten, ihre eigene Mitte in die der Kirche „aufgehen" zu lassen: „Manche versuchen es wirklich, deshalb ist bei ihnen wenig von antirömischem Affekt zu spüren." (Prüfet alles, S. 67 ff.). In der Mitte der Kirche Gemeinschaft zu leben heißt ebenfalls, eine Durchlässigkeit für andere Gemeinschaften zu bewahren und für die Gemeindepastoral offen zu sein.

HANS URS VON BALTHASAR, *In Gottes Einsatz leben*, 2. Auflage 1972, S. 104.

Die Kritik Balthasars richtet sich im übrigen nicht nur gegen „linke" charismatische und amtskritische Gruppierungen, sondern gerade auch gegen traditionalistische Bewegungen, die den Papst sozusagen von „rechts" überholen wollen. Den neu entfachten Kampf um die Tridentinische Messe, um die Exklusivität der Mundkommunion und ähnliches, empfindet Balthasar als überflüssig und schädlich. Er weiß freilich auch, daß nicht selten die unwürdige Feier der Sakramente zu traditionalistischen Gegenbewegungen beigetragen hat. Vielfach haben Priester und Laien, die sich für besonders „progressiv" halten, die hl. Messe des Zweiten Vatikanischen Konzils in Mißkredit gebracht. Entscheidend bleibt für ihn, daß sich alle Kritik um ein Bleiben in der Mitte der Kirche bemühen muß und das Amt in der Kirche weder von der einen noch von der anderen Seite verachtet oder instrumentalisiert werden darf.

Hans Urs von Balthasar, *Kleine Fibel für verunsicherte Laien,* 2. Aufl. 1980, S. 90 f.

Interessant ist in diesem Zusammenhang seine Haltung gegenüber dem *Opus Dei,* eine 1928 durch den spanischen Priester Josemaría Escrivá de Balaguer y Albás (1902–1975) gegründete Gemeinschaft für Laien und Priester. Anfänglich (1952) begrüßte Balthasar diese Gemeinschaft, erinnerte sie doch an seine eigenen Vorstellungen von einem Institut, in dem verschiedene Formen des christlichen Lebens vereint sind. Später, ab 1963, trägt er „friedliche Fragen" vor: wegen einer gewissen Geheimhaltungstendenz, einzelner Frömmigkeitsformen und der Unabhängigkeit von den Ortsbischöfen. Die Priester des 1982 als *Personalprälatur* errichteten Opus Dei unterstehen nämlich keinem Ortsbischof, sondern dem Leiter ihrer Gemeinschaft, was zu der sonstigen Bistumsstruktur der katholischen Kirche quer steht. Die Institution der Personalprälatur ist aber als neue Organisationsform des Klerus vom Zweiten Vatikanischen Konzil gewünscht und kirchenrechtlich bestätigt worden. Auch kann ein Priester des Opus Dei seine Tätigkeit innerhalb einer Diözese und für sie nur mit Einverständnis des jeweiligen Bischofs wahrnehmen. Die am 6. Oktober 2002 vorgesehene Heiligsprechung des Gründers steht für die Anerkennung des wichtigen Beitrags, den sein Werk für das Leben der Kirche leistet – unabhängig davon, wie man persönlich diesen Beitrag bewerten mag.

Hans Urs von Balthasar, *Integralismus heute,* in: *Diakonia* 19 (1988), S. 221–229. Vgl. Krenski, S. 119–122.

Kurzum, es darf nicht übersehen werden, daß viele verunsicherte Laien, für die Balthasar eigens eine *Fibel* (siehe Randnote oben) verfaßte, in derartigen Gruppen zunächst eine geistige Heimat finden, in der sie einmal unhinterfragt Christ sein dürfen. Beheimatet und gestärkt durch die gegenseitige Unterstützung hat mancher erst in ihnen die Kraft zum kirchlichen Zeugnis für Christus in der Gesellschaft gefunden, was die Warnungen Balthasars freilich nicht überflüssig macht.

Ein Kardinal für die Gegenwart von Kirche und Theologie

Nach einem Symposion über seine Theologie und einer anschließenden Redaktionssitzung der Zeitschrift *Communio* in Mailand war Hans Urs von Balthasar gerade nach Hause zurückgekehrt, als er von seiner Ernennung zum Kardinal erfuhr. An sich paßte diese hochamtliche Auszeichnung und Würde nicht sonderlich zu seiner Grundeinstellung. Das johanneische „Verschwinden" hatte sich die Johannesgemeinschaft auf die Fahne geschrieben. Zudem charakterisierte ein eher „laikaler Stil" die äußere Erscheinung des Verantwortlichen eines Säkularinstituts. Aber einen Kardinalshut lehnt man nicht einfach ab, zumal er Balthasar schon früher einmal angeboten wurde (Guerriero, S. 394). Gehorsam machte er sich auf den Weg nach Rom zur Anprobe der neuen Garderobe, die er, so weiß sein Cousin zu berichten, in Rom deponierte wie auch zuvor seine Soutane für den Empfang beim Papst (Henrici, S. 59). Doch als alles für die Feierlichkeiten der Kardinalserhebung vorbereitet war, schien der Himmel andere Pläne zu haben. Bei der Vorbereitung auf die Feier der hl. Messe am Sonntagmorgen des 26. Juni 1988 wurde der am 28. Mai zum Kardinal ernannte Priester und im Herzen Jesuit gebliebene Germanist und Leiter der Johannesgemeinschaft, Hans Urs von Balthasar, von einem Moment auf den anderen in die endgültige *communio* des dreifaltigen Gottes gerufen. Zwei Tage später hätte er seine Kardinalswürde aus der Hand von Johannes Paul II. empfangen sollen, der ihn in besonderer Weise schätzen gelernt hatte. Nicht wenige Ansprachen des Papstes, vor allem innerhalb der Karwoche, schienen immer wieder einmal von der Theologie Balthasars mitbestimmt zu sein.

„Ihm ist das Sterben leicht gefallen," kommentiert Peter Henrici den Tod seines Cousins. Was schweres Sterben bedeutet, wußte er durch die Begleitung Todkranker, vor allem Adrienne von Speyrs. Der Tod zwei Tage vor der Verleihung der Kardinalswürde – das regte natürlich zu einigen Erwägungen an. Sollte der Himmel in der Tat dem Wunsch Balthasars entsprochen haben, nicht unbedingt auf der Seite des petrinischen Amtes in Erscheinung treten zu müssen, sondern lieber das Verschwinden des Johannes zu repäsentieren? Joseph Kardinal Ratzinger schließt seine Predigt beim Requiem für Hans Urs von Balthasar mit den Worten: „Nur zögernd hat sich Balthasar der ihm zugedachten Ehrung durch das Kardinalat geöffnet – nicht aus der Koketterie des großen einzelnen, sondern aus dem ignatianischen Geist heraus, der sein Leben prägte. Irgendwie erscheint er bestätigt durch den Ruf ins andere Leben, der ihn am Vorabend der Ehrung erreichte. Er durfte ganz er selber bleiben. Aber das, was der Papst mit dieser Geste der Anerkennung, ja der Verehrung ausdrücken wollte, bleibt gültig: Nicht mehr bloß einzelne und private, sondern die Kirche in ihrer amtlichen Verantwortung sagt es uns, daß er ein rechter Lehrer des Glaubens ist, ein Wegweiser zu den Quellen lebendigen Wassers – ein Zeuge des Wortes, von dem wir her Christus erlernen, von dem wir her das Leben erlernen können. ‚Christus ist mein Leben', dieses Wort … aus dem Philipperbief (1, 21) faßt am Ende seinen ganzen Weg zusammen. Weil es die Wahrheit seiner inneren Biographie ist, dürfen wir gewiß sein, daß auch der folgende Satz für ihn gilt: ‚Sterben ist mein Gewinn', und daß sein Sterben nicht Weggehen aus der Gemeinschaft der Lebenden ist, für die er immer da war, sondern ein neues Dabeisein aus der Gegenwartskraft von Gottes Liebe heraus, in der Einheit aller Glieder von Christi Leib. Wir wollen den Herrn bitten, daß er uns schenke, das große Zeugnis dieses seines Dieners lebendig zu halten und weiterzutragen; wir wollen bitten, daß er ihm vergelten möge, was er in Gehorsam des Glaubens und in der Demut seiner hoffenden Liebe getan und gelitten hat. Amen."

JOSEPH KARDINAL RATZINGER, *Ein Mann der Kirche in der Welt*, in: *Hans Urs von Balthasar. Gestalt und Werk*, hrsg. v. Karl Lehmann u. Walter Kasper, 1989 S. 349–354, hier S. 353 f.

II. Herrliche Theologie

Ein Experiment

Der zweite Teil dieses Buches versucht einige zentrale Themen der Theologie Hans Urs von Bathasars anzusprechen. Dabei sei ein kleines Experiment gewagt: Balthasars Theologie wird auf den Kopf gestellt.

Es ist ein Markenzeichen der Theologie Balthasars, von Gott aus auf die Welt und den Menschen hin zu denken. Er folgt dabei der Bewegung Gottes selbst, der die Welt erschafft, um sich darin dem Menschen zu offenbaren. In ähnlicher Weise konzipiert auch Karl Barth seine Theologie. Man trägt mit diesem Ansatz „von oben" der Tatsache Rechnung, daß es immer Gott ist, der von sich aus die Möglichkeit schafft, daß der Mensch nach Gott suchen kann und seine Suche auch in Begriffe zu kleiden vermag. Durch das geoffenbarte Wort Gottes schließlich lernt der Mensch über Gott in rechter Weise zu sprechen. Auf der anderen Seite betont Balthasar – es sei an seine Auseinandersetzung mit Barth erinnert –, daß Gottes Offenbarung zugleich erkennen läßt, wie auch vom Menschen aus Gott ins menschliche Wort zu bringen ist, und wie der Mensch von sich aus Gott zu erkennen vermag. Wäre es völlig unmöglich, vom Menschen aus von Gott zu sprechen, dann wäre der Mensch für Gottes Wort verschlossen. Daran könnte nicht einmal die Offenbarung etwas ändern; ja sie wäre in einem Menschen gar nicht möglich. Deshalb kann man auch vom Menschen aus Theologie betreiben. Und das hat in der Gegenwart manche Vorteile, wie Balthasar selbst andeutet. Dieser Andeutung gehen wir nach. Unterderhand wird dadurch deutlich, daß Karl Rahners anthropologischer Ansatz beim Menschen und Balthasar Ansatz „von oben" bei der Begegnung mit der offenbargewordenen Herrlichkeit Gottes keine unversöhnlichen Gegensätze sind. Vielmehr setzen sich beide Ansätze gegenseitig voraus. Und jeder Ansatz selbst schließt auch den jeweils anderen in sich ein. Alles andere führt, wie gesehen, zu Widersprüchen.

Meta-Anthropologie der Wahrheit

Um die Selbstoffenbarung Gottes hören und verstehen zu können, muß der Mensch selbst ein Forschen nach Gott, eine ihm gestellte Frage sein" (Mein Werk, S. 92). Der Mensch hat nach dieser Aussage Balthasars nicht nur verschiedene Fragen; vielmehr ist der Mensch sich selbst eine Frage; der Mensch existiert als eine einzige Frage, die jedoch nicht unbestimmt bleibt, sondern auf Gott zielt. Die Frage, die der Mensch selber ist, ist ein Forschen nach Gott. Dieses Verständnis vom Menschen ist nun auch die Voraussetzung für das Hörenkönnen der Offenbarung Gottes. Karl Rahner hat in seiner Religionsphilosophie deshalb den Menschen als *Hörer des Wortes* definiert.

KARL RAHNER, *Hörer des Wortes. Zur Grundlegung einer Religionsphilosophie* (1941), in: *Sämtliche Werke,* Bd. 4, 1997 (Kurztitel = **Rahner**), S. 2–281.

Balthasar betrachtet es als zentrale Aufgabe der Philosophie, eine *Meta-Anthropologie* zu entwickeln (bzw. selbst zu sein), die dieses Verständnis des Menschen entfaltet und begründet: daß der Mensch ein nach Gott Forschender ist und deshalb von Gott angesprochen werden kann (Mein Werk, S. 92; Prüfet alles, S. 24). Diesen Ausdruck *Meta-Anthropologie* übernimmt Balthasar von seinem Cousin Peter Henrici. Dieser wolle damit zu verstehen geben, daß man in der Moderne, die den Menschen ins Zentrum ihrer Aufmerksamkeit gerückt hat, weniger von einer kosmologisch orientierten *Meta-Physik* auszugehen habe, wie etwa die griechische Philosophie der Antike, um ein Verständnis für die Möglichkeit der Offenbarung zu gewinnen, sondern eben vom Menschen selbst und den Aussagen der verschiedenen Wissenschaften über den Menschen. Freilich käme es dabei auf das *Meta* an, also auf das Überschreiten und Transzendieren der verschiedenen wissenschaftlichen Fragen nach dem Menschen auf ein Letztes hin. Zu fragen ist also: Was ist der Mensch eschatologisch, im Bezug auf das „Letzte"? Eine erste Antwort steckt in dieser Frage:

Diese Offenheit des Menschen für das Unendliche – die Voraussetzung für das Hören einer Offenbarung Gottes – entfaltet Balthasar 1947 in *Wahrheit der Welt* (später Bd. 1 der *Theologik*).

Der Mensch ist offenbar jenes Wesen, das nach sich selber fragen muß und sich dabei mit vorletzten Antworten nicht zufrieden geben kann. Weiter Hinterfragbares (die biologische oder soziologische Herkunft des Menschen z.B.) ist niemals das „Letzte“. Deshalb dürfe der Mensch bei seinem Fragen nach sich und allem anderen nicht in Selbstverliebtheit bei sich verharren, betont Balthasar. „Der menschliche Verstand muß auf das Unendliche hin offen sein“ (Mein Werk, S. 92), dann kann er auch die inkarnierte Ant-*Wort* Gottes auf sein Fragen wahrnehmen.

Die Stärke der Empfänglichkeit

Karl Rahner, *Geist in Welt* (1936), in: *Sämtliche Werke*, Bd. 2, 1995, S. 3–300.

Idealismus: Philosophie von Kant, Fichte, Schelling, Hegel u.a., die besonders die Eigenaktivität des menschlichen Subjekts beim Zustandekommen der Erkenntnis herausgestellt haben. Dadurch konnte der Eindruck entstehen, die Welt sei in ihrer Erscheinungsweise ein Produkt. Diesen Eindruck hat der Idealismus aber selber zu überwinden versucht.

In *Wahrheit der Welt* (Theologik I) geht es Balthasar nicht nur um eine Erkenntnistheorie, sondern um eine umfassende Darstellung des Themas, also um eine Art Erkenntnismetaphysik. Mit derselben Absicht hatte auch Karl Rahner seine philosophische Dissertation *Geist in Welt* verfaßt.

Im Unterschied zu Karl Rahner, der die Eigenaktivität des Verstandes unterstreicht, betont Balthasar besonders die Empfänglichkeit des menschlichen Geistes, dessen Rezeptivität: Die „Spontaneität der Erkenntnis [steht] ganz im Dienst der Rezeptivität“ (Theologik I, S. 73). D.h. jene Offenheit des Menschen für das Unendliche wird vor allem als Empfänglichkeit für Gott verstanden. Ohne es natürlich in einem philosophischen Werk andeuten zu können, steht für Balthasar dahinter die Figur Mariens, aber auch der Gehorsam Jesu.

Mit dieser Option setzt sich Balthasar scharf von jenem *idealistischen* Denken ab, das die Weltsicht primär durch die Eigenaktivität des menschlichen Geistes bestimmt sieht. Die Gefahr dieses Ansatzes besteht u.a. darin, daß man schon den Mitmenschen primär so versteht, wie er dem eigenen Erkenntnisraster gemäß erscheint. In der Psychologie würde man von Projektion sprechen: Ich begegne nicht mehr dem anderen, sondern nur noch meiner Vorstellung von ihm. Das hätte vor allem fatale Folgen für das Verständnis der Offenbarung, in der mir Gott durch das Du Jesu begegnen will. Diese Begegnung gelingt ausschließlich dann, wenn ich für dieses Du empfänglich bin und nicht dessen Wahrheit von vornherein auf das Maß meiner eigenen Vorstellungen reduziere.

Von der Gefahr einer anthropologischen Reduktion der Offenbarung spricht Balthasar deshalb, weil er sie auch in denkerischen Ansätzen wahrnimmt, die – mit den besten Absichten – dem Menschen der Gegenwart zeigen wollen, wie er als Mensch auf die Offenbarung hin ausgerichtet ist. So nennt Balthasar etwa auch Maurice Blondel, dessen Denken er an sich sehr schätzt (Glaubhaft, S. 25) und dessen Bücher er veröffentlicht. Um eine Reduktion der Offenbarung auf das selbstkonstruierte Maß des menschlichen Geistes unmöglich zu machen, entwickelt Balthasar den angesprochenen Gedanken der Empfänglichkeit des menschlichen Erkenntnissubjekts, aber als Stärke und Auszeichnung des Menschen: der andere darf und kann Gast bei mir sein als er selbst, in seiner Wahrheit und Wirklichkeit. Auf der anderen Seite wollen christliche Denker wie Karl Rahner oder Joseph Maréchal S. J. (1878–1944), wenn sie die Eigenaktivität des Subjekts in den Vordergrund rücken, natürlich nicht behaupten, daß jedes Objekt und jedes Du auf das Maß des Subjekts reduziert wird und sich jeder Mensch nur in selbstgezimmerten Projektionen von der Wirklichkeit bewegt.

Maurice Blondel (1861–1949) überraschte die laizistisch geprägte Philosophie in Frankreich mit seiner Doktorarbeit *L'action* (1893). Er zeigte auf, daß menschliches Denken und Tun über sich hinausweist und auf eine mögliche Offenbarung Gottes hingeordnet ist.

Die Aktivität des Verstandes

Das wäre ein grobes Mißverständnis. Was bedeutet diese *Eigenaktivität des Verstandes,* die Balthasar keinesfalls bestreiten will? Thomas von Aquin stellt die Eigenaktivität des Verstandes beim Zustandekommen des Erkennens heraus, weil unser Erkennen nicht wie ein Fotoapparat funktioniert: Der Verstand ist nicht nur die dunkle, unbelichtete Fotoplatte, auf der ein Abbild von den Gegenständen entsteht, die sich außerhalb von uns befinden. Für Aristoteles und Thomas, aber auch für Kant war es offensichtlich, daß bei der Erkenntnis „Was ich hier gerade vor Augen habe, das ist ein Buch" der Verstand aktiv beteiligt ist. Denn das, was die Sinne wahrnehmen, ist ein sinnlicher Eindruck eines konkreten Gegenstandes. Damit aus diesem sinnlichen Eindruck der geistige und abstrakte Gehalt „Buch" herausgeschält werden kann, ist ein über die Sinne hinausgehendes geistiges Vermögen anzunehmen: ein aktives „Abstraktionsorgan", der tätige Verstand *(intellectus agens).* Allerdings, so Balthasar, wird dieser aktive Verstand nur tätig, wenn ihm auch etwas in den Sinnen begegnet (oder wenn er sich an etwas zurückerinnert, das ihm sinnlich vermittelt gegenwärtig war). In dieser Hinsicht ist der Verstand empfänglich und nicht in einem eigenmächtigen Sinn eigenaktiv. Auch bei der Erkenntnis eines anderen Menschen wird diese Art von Eigenaktivität des Verstandes vorausgesetzt. Nichts anderes versucht Rahner in seiner Erkenntnismetaphysik darzustellen. Balthasar konzentriert sich seinerseits darauf, das Erwecktwerden des aktiven Teils des Verstandes zu erläutern. Er blickt dabei (angeregt von G. Siewerths *Metaphysik der Kindheit*) auf ein Kleinkind, daß sich zunächst ganz von der Fürsorge seiner Eltern empfängt (Herrlichkeit III/1-2, S. 945–956). Durch Liebe und Zuwendung, durch das Angesprochenwerden durch Mutter und Vater kommt der heranwachsende Geist allmählich zu sich. Am Anfang ist es für das Kind noch schwer, sein eigenes Ich vom Du zu unterscheiden, das es anspricht. Nicht das *Ich,* sondern das *Du* ist das erste *Objekt* des Erkennens. Wahrheit ist deshalb primär die Übereinstimmung des Ver-

standes mit einem anderen, sich zuwendenden Subjekt; davon abgeleitet bedeutet Wahrheit die Übereinstimmung des Verstandes mit einem anderen Objekt (oder einer Sache: *adaequatio intellectus et rei*). Für Balthasar ist es wichtig, daß die sich zuwendende Liebe am Anfang des Erkenntnisvermögens steht, so daß das Erkennen als Antwort auf diese Liebe verstanden werden kann. Dadurch will Balthasar von vornherein vermeiden, daß das Erkennen als eine Art Einverleibung des erkannten Objekts in das erkennende Subjekt verstanden wird. Erkennen soll nicht als Besitz des Objekts durch das Subjekt gedeutet werden, sondern als Antwort auf die sich zur Erscheinung bringende und offenbarwerdende Wahrheit des Objekts (oder des anderen Subjekts) begriffen werden: ja Erkennen soll als von Liebe und Hingabe geprägter Dienst an der Wahrheit des oder der anderen aufgefaßt werden. Erkennen ist kein Ergreifen der Sache; es endet nicht im zugreifenden, ergreifenden Be-griff. Es geht auch nicht darum, dem anderen sein Geheimnis zu entreißen und es in eine Definition zu zwängen. Erkennen entspringt einem bereitwilligen Sich-ergreifen-Lassen von der Wahrheit des anderen. Nur so wird die Objektivität der Erkenntnis gewahrt: der andere kommt mit *seiner* Wahrheit zu mir (Theologik I, S. 246–255).
Daran ist abzulesen, daß Erkennen seiner Wurzel nach auch ein ethisch zu bewertender Akt ist. Wahrheit ist von moralischer Gutheit nicht zu trennen. Wahrheit, Gutsein und Liebe gehen ineinander über und sind nur im gegenseitigen Bezug aufeinander zu erklären (Theologik III, S. 128 ff.). Nochmals: Objektive Erkenntnis verbürgt nicht eine kalte Distanz zum Erkenntnisgegenstand, ein inneres Unbeteiligtsein oder Desinteresse an der Sache. Objektivität entsteht durch die sittliche Tat des Interesses an der Wahrheit des anderen, ohne dabei ein Eigeninteresse zu verfolgen, das auf eine Verwertung der Wahrheit des Anderen für mich zielt. Der von Egoismus und Sünde freie Mensch – der Heilige also – ist darum derjenige, der zu größter Objektivität imstande ist. Jetzt wird auch verständlich, weshalb im Johannesevangelium zu lesen ist, daß Jesus wußte, was im Menschen ist (Joh 2,25), denn

Jesus allein ist ohne jede Sünde, nur er kann die volle Wahrheit des Menschen erschließen, wie es auch das Zweite Vatikanische Konzil sagt (Gaudium et spes, 22, siehe Randnote S. 35).
In seiner Wahrheitsschrift bringt Balthasar das ursprüngliche, naturhafte Ergriffenwerden des Subjekts durch das Objekt mit recht drastischen Ausdrücken zur Sprache, um jedes eigenmächtige Ergreifen des Subjekts auszuschließen: Von einem „Überfall" der Dinge ist die Rede, dem das Subjekt ausgeliefert ist; dieser sei „brutal wie eine Vergewaltigung" (Theologik I, S. 69). „Expropriiert", sich selbst enteignet, sei das Subjekt zur „Zwangsarbeit" am Objekt verurteilt. „Die erste Lektion", die dem Subjekt erteilt werde, sei, daß Erkennen weder im „Willen zur Macht" über das Objekt bestehe, noch in der „eigenen Befriedigung des Erkenntnisdranges *(appetitus naturalis)*", sondern in der „Hingabe" allein. Unter dem Joch dieser „harten proletarischen Rechtlosigkeit" werde das Subjekt schließlich seiner Geschöpflichkeit „geständig" und dadurch für die göttliche Wahrheit „aufgesprengt". Es ist „Instrument", „Magd" und „Knecht" der von Gott bemessenen Objektivität, dieser „untergeordnet". Am lebendigsten und spontansten erfährt sich das Subjekt, „wenn es sich selbst am totesten stellt unter der Hand des göttlichen Töpfers", wenn es also völlig passiv ist. Diese Sprache spricht für sich. Man könnte geneigt sein, hierin eine neue Einseitigkeit zu diagnostizieren, die nur das negative Spiegelbild einer aktivistischen Erkenntnisauffassung darstellt. Insofern wäre Balthasar noch von der Erkenntnisphilosophie abhängig, die er zu bekämpfen scheint. Mancher hat in Balthasars Philosophie und Theologie einen antimodernen Affekt wahrgenommen oder eine neue Naivität, welche die unbestreitbare Bedeutung des Subjekts beim Zustandekommen einer Erkenntnis einfach „platt macht". In der Tat wendet sich Balthasar in seiner Schrift gegen „eine Art anthropozentrischer Erkenntnistheorie", was seiner Kritik einer Reduktion der Offenbarung auf das Maß des Menschen (Sünders) entspricht. In dieser Erkenntnistheorie vernimmt er sogar das Zischeln der „Schlange" aus dem Paradies, die zu einem „Wie-

Gott-werden-Wollen" in Gestalt autonomer Erkenntnis verführt (Theologik I, S. 269).
Aber es wäre nun wiederum einseitig, Balthasar nur bei diesen von ihm bewußt einseitig formulierten Aussagen beim Wort zu nehmen. Es geht ihm, wie vorausgeschickt, ganz neuzeitlich und „modern" um eine *Meta-Anthropologie*. Schlägt man Balthasars Wahrheitsbuch nicht vorzeitig zu, weil man seine Auffassung von dem entrechteten und zum Dienst am Objekt zwangsverpflichteten Subjekt schon zu Genüge zu kennen glaubt, liest man stattdessen weiter, auch in den anderen Bänden der *Theologik*, so bemerkt man bald, daß man bislang nur eine Seite seiner Wahrheitslehre kennengelernt hat. So weist Balthasar darauf hin, daß das Objekt die Offenheit des Subjekts nicht zur „erzwingbare[n] Tat" machen kann (Theologik I, S. 76); daß ein „Willensmoment" zur „Aufgeschlossenheit des Subjekts" gehört (Theologik I, S. 117). Nachdem Balthasar die Freiheit und Rechte des Objekts behandelt hat, geht er auch auf die des Subjekts ein. Folglich entwickelt er ein Gleichgewicht zwischen beiden Seiten der Erkenntnis. Im zweiten Band der Theologik versteht er den Zusammenhang von Rezeptivität und Aktivität des Subjekts schließlich als gegenseitiges Steigerungsgeschehen (Theologik II, S. 168). Subjekt und Objekt stehen also in einem korrelativen, wechselseitigen Verhältnis zueinander; sie dienen einander, verhelfen einander zur eigenen Wahrheit.

Akt und Wesen der Dinge

Schließlich kommt Balthasar sogar zu Aussagen, die an die Diktion Rahners erinnern: Der Kontakt mit der Wirklichkeit mache aus dem Verstand einen „Vorgriff" (Spiritus Creator, S. 30) auf das Sein.

HANS URS VON BALTHASAR, *Spiritus Creator. Skizzen zur Theologie III*, 1967 (Kurztitel = **Spiritus Creator**).

Als einen Vorgriff auf das Sein deutet Rahner den aktiven Verstand. Damit ist gemeint, daß der Verstand nicht nur offensteht für endliche Dinge, sondern für alles, was existiert, was *ist*, was Sein hat und dem Sein zukommt, mehr

noch: Sein, davon ist ebenso Balthasar überzeugt, ist nicht nur ein allgemeiner Begriff (wie Buch, Auto oder Obst), den man bilden kann, um die allgemeinste Eigenschaft aller Dinge zu benennen: *daß* sie *sind* (Herrlichkeit III/1, S. 35–382, 782–786, 963–966, 974–983). Sein ist vielmehr das, was macht, daß die Dinge sind. Entzieht man den Dingen das Sein, sind sie eben nicht da, existieren sie nicht. Das Sein verbürgt demnach das Existieren der Dinge; das Sein ist dieses Existieren der Dinge.
Mit der philosophischen Tradition nennt Balthasar darum das Sein auch den *Akt* der Dinge, der bewirkt, daß sie sind. Weil das Sein aber der Akt aller Dinge ist, kann es nicht mit einzelnen oder allen Dingen unmittelbar identisch sein. Es steht den Dingen gewissermaßen gegenüber, es macht, daß sie sind; es überschreitet (transzendiert) die Dinge. Balthasar betont darum immer wieder die sogenannte *Realdistinktion* (Herrlichkeit III/1, S. 356, 783 f., 948–956, Epilog, 38 ff., 43 ff.). Diese von Thomas von Aquin und anderen gelehrte reale Unterscheidung oder Differenz besagt gerade dies: Zwischen dem, was ist, also dem Seienden, und dem Sein selbst, gibt es einen realen Unterschied, weil es einen realen Unterschied gibt zwischen dem Wesen einer Sache und deren Realität. Balthasar meint damit (wie Thomas), daß ein Seiendes in dem Maße über Sein verfügt und wirklich ist, in dem es von seinem Wesen her dazu in der Lage ist, das eigene Sein gleichsam einzuholen. Das Wesen entscheidet über den Grad der Teilhabe am Sein. Der Gradmesser ist für Balthasar – wie auch für Rahner – die Intensität, mit der es das Wesen eines Seienden erlaubt, daß es sich auf sich selbst bezieht und darum auch auf anderes beziehen kann. Das Wesen des Menschen ermöglicht darum einen weitaus höheren Grad der Teilhabe am Sein als das Wesen eines Steines, der über keinerlei Innerlichkeit verfügt, der also nur „äußerlich" ist und darum auch nur mit anderen Steinen eine äußerliche Beziehung haben kann, etwa in Form eines Steinhaufens. Das Wesen des Menschen hingegen ermöglicht Innerlichkeit, der Mensch weiß um sich, ist bei sich in intensiverer Weise als jeder Stein. Weil der Mensch sich somit *hat*, kann er sich auch geben, aber sich auch von anderen

her empfangen, sich von ihnen aus zurückgegeben finden, was insbesondere im Akt der Sympathie und Liebe geschieht. Die Einheit, die Menschen unter sich verwirklichen können, ist darum nicht mit einem Haufen Steine zu vergleichen. Einen Haufen Menschen betrachten wir als etwas Unpersönliches, weil die Qualität der Beziehung fehlt, die dem Menschen wesentlich ist. Weil zum Beispiel auch Pflanzen schon über eine gewisse Innerlichkeit verfügen, die es ihnen erlaubt, auf ihre Umwelt zu reagieren, steht ihr Wesen über dem der Steine. Sie existieren intensiver, am intensivsten existiert der Mensch. Er ist das höchste Seiende im endlichen Bereich (von den Engeln einmal absehen).
Aber der Mensch verfügt nicht so ohne weiteres über sein Sein; er hat es nicht von Haus aus, er trägt die Ursache seiner Existenz nicht in sich. Er verdankt sich – wie Stein und Pflanze – dem Sein als Akt. Folglich ist ebenso das Wesen des Menschen von seinem Sein real unterschieden (*Realdistinktion*). Was aber ist das Sein für sich selbst? Balthasar geht dieser Frage auf der Spur der christlichen Philosophen Gustav Siewerth und Ferdinand Ulrich nach.

Das Sein als Weg zu Gott und selbst-lose Gabe

Während sich ohne das Sein auch die Existenz der Dinge verliert, scheint nun auch umgekehrt das Sein überhaupt nichts mehr für sich zu sein, wenn man es unabhängig von realen Dingen betrachtet. Zwar soll das Sein der wirklichkeitsspendende Akt der Wesen und so der Dinge sein; für sich selbst scheint das Sein aber keinerlei Realität darzustellen. Sollte also der Akt aller Dinge etwas Unwirkliches und Nichtiges sein? Das ist nicht denkbar. Aus Nichts wird nichts. Also muß das Sein doch etwas sein oder auf etwas hinweisen, das existiert und aus dem es als Akt der Dinge hervorgeht.
Nach Balthasar verweist das scheinbar nichtige Sein als Akt der Dinge auf Gott, den göttlichen Seinsgrund, aus dem das Sein sozusagen entströmt, damit die Dinge existieren. Für sich selbst

ist das Sein als Akt nicht real, nicht *subsistent,* d.h. es besteht nicht in sich. Gerade deshalb aber verweist es auf Gott, der allein real ist wie auch die endlichen Dinge. „Das Sein selbst ‚ist nicht das Licht', aber es gibt ‚Zeugnis vom Licht', indem es darauf kraft seiner Nichtsubsistenz verweist", formuliert Balthasar, an die Worte des Johannesprologs (Joh 1,8) und an Johannes den Täufer erinnernd (Herrlichkeit III/1, S. 962). Balthasar schließt sich ebenso Thomas von Aquin an, der das Sein als etwas definiert, das vollkommen und einfach ist, aber nicht subsistiert *(esse significat aliquid completum et simplex, sed non subsistens).*

THOMAS VON AQUIN, *De potentia* 1, 1.

Da das Sein nicht für sich Bestand hat, da es reines Strömen von sich weg ist, deshalb besitzt es auch keine eigene Innerlichkeit, kein Selbst. Es kann darum auch nicht handeln oder von sich aus etwas bewirken. Darum ist es in Wahrheit nicht das Sein, das die Dinge zur Realität bringt, sondern stets Gott. Er, nicht das Sein, erschafft die Dinge, indem er aber das Sein als Wirkung hervorbringt und – bildlich gesprochen – in die von ihm erdachten Wesen der Dinge einströmen läßt, dadurch Wesen aktuiert, womit die Dinge wirklich existieren.

Balthasar sieht in diesem Sein, das anderes *sein* läßt, etwas „Selbstloses": ein Bild der Liebe, reines Verschenken, das an die Entäußerung des Sohnes Gottes erinnert. Die *Entäußerung* oder *Entleerung* des göttlichen Sohnes wird im Philipperbrief mit dem griechischen Wort *Kenosis* bezeichnet. Diese *kenotische,* sich entäußernde Bewegung dechiffriert Balthasar auch im Sein, das von daher auch der geeignete Ereignisraum für Gottes Hingabe in Gestalt der Menschwerdung und des Kreuzes seines Sohnes ist: „Die Nichtsubsistenz des Seinsaktes ist das für Gott adäquate Schöpfungsmedium, um sein kenotisches Wort von Kreuz und Herrlichkeit hineinzusprechen und es als seinen Sohn zu Tod und Auferstehung hineinzusenden" (Herrlichkeit III/1-2, S. 961). Freilich weiß man von diesem Zusammenhang nicht aus philosophischer, sondern allein aus theologischer Perspektive. Die *Ontologie* (Seinslehre) Balthasars zeigt also einen trinitarischen Grundzug, ist *trinitarische Ontologie.* In ihrer Mitte steht das Sein als Gabe, als Liebe.

Wenn also nun – und davon waren wir ausgegangen – der Verstand ein Vorgriff auf das Sein darstellt, das kein bloßer Begriff, sondern der selbstlose (kenotische) Akt der Dinge ist, so bezieht sich der Verstand auch „über" das Sein auf Gott, den Grund des Seins. Dank des Seins ist der Verstand demnach offen für das Unendliche, wie Balthasar sagt. Eine Meta-Anthropologie erreicht mit dieser Erkenntnis des Seins als Bezugspunkt des Verstandes und als Weg zu Gott seinen ersten zentralen Höhepunkt. Karl Rahner geht ebenfalls diesen vom Sein eröffneten Denk-Weg nach; er begreift den Menschen als „Wesen der Transzendenz", weil am Anfang des Menschseins und des Verstandes sich eine *Seinsempfängnis* ereignet, die den Menschen über das Endliche hinaus in die Dimension des Transzendenten und Göttlichen führt.

KARL RAHNER, *Grundkurs des Glaubens. Einführung in den Begriff des Christentums,* in: *Sämtliche Werke,* Bd. 26, 1999, S. 36, 38.

Weil der Vorgriff auf Sein letztendlich auf Gott geht und von ihm ermöglicht und getragen wird, darum treffen sich Balthasar und Rahner in dem Zitat aus der Wahrheitsschrift des Thomas von Aquin, der ebenfalls darlegt, daß alle Erkennenden in jeder erkannten Wirklichkeit implizit Gott miterkennen (*omnia cognoscentia cognoscunt implicite Deum in quolibet cognito,* vgl. Theologik I, S. 45, Rahner, S. 102).

THOMAS VON AQUIN, *De veritate* 22, 2 ad 1.

Dieser Sachverhalt wird auch nochmals deutlich an der sogenannten „Dialektik der Grenze" – ein Gedanke, den Balthasar und Rahner bei Hegel finden. Balthasar formuliert: „Die Grenze der weltlichen Wahrheit empfinden heißt das Jenseits der Grenze Befindliche heimlicherweise miterfassen." Hegel sagt etwa: „Das Endliche besteht … in Beziehung auf sein Anderes [= das Unendliche], welches seine Negation ist und sich als dessen Grenze darstellt."

GEORG WILHELM FRIEDRICH HEGEL, *Enzyklopädie der philosophischen Wissenschaften,* 1831, § 28.

Rahner spricht von einer Grenze, die im Vorgriff auf Sein erfaßt wird: die Grenze des Endlichen vor dem Hintergrund des unbegrenzten Seins (Rahner, S. 94 ff.). Man erfährt die Grenze des Endlichen also nur unter der Voraussetzung, daß es ein Jenseits der Grenze gibt, das Unendliche. Dieses Unendliche ist keine bloße Negation des Endlichen, denn dies wäre das Nichts. Das Nichts kann aber den Verstand nicht über das Endliche hinausheben; das Nichts kann gar nichts, andernfalls wäre es ein Etwas. So muß das Jenseits des Endlichen etwas Wirkliches sein wie auch schon das Endliche etwas Wirkliches ist. Aber es muß sich dabei um eine Wirklichkeit handeln, die eben als das andere des Endlichen unendlich über das Endliche hinausgeht und darum zunächst ganz abstrakt und unbestimmt das Unendliche genannt wird. Damit ist erneut ein erster vorläufiger Begriff von Gott gewonnen und ein Aufweis der Existenz Gottes geführt.

„Subjektives Sein“

Nochmals soll eine Bestimmungen des Seins herausgestellt werden, die uns bereits bekannt ist, aber uns in einer doch überraschenden Weise eine gewisse Nähe Balthasars zum Idealismus zeigt, den er andererseits in die Schranken weist. Balthasar beobachtet eine Art Stufenbau des Seins. Gradmesser ist ihm die angesprochene Innerlichkeit des Seins, die stets zunehme, bewege man sich von der Materie über Pflanzen und Tiere auf den Menschen zu. Balthasar kommt zu der Schlußfolgerung: der „Kern des Seins selbst wird … subjektiv, und damit auch die Wahrheit“ (Theologik I, S. 212). So hat auch Rahner Sein als Erkennen, Selbstbesitz und Beisichsein ausgelegt (Rahner, S. 76). Für beide Denker ist Gott die Höchstform des Seins, über die hinaus keine intensivere und dichtere mehr gedacht werden kann, da Gott reines Beisichsein, reine Selbstkenntnis ist; Gott ist sich Subjekt und Objekt zugleich in vollkommener Transparenz und deshalb auch Person.

Wenn Balthasar den Kern des Seins als Subjektivität verstehen kann, so hat er sich faktisch ganz in die Nähe des Idealismus begeben, gegen den er sich ansonsten scharf abgrenzen möchte. Für Hegel z. B. ist Gott absolute Subjektivität und alles Sein abbildlich im Kern subjektiv. Balthasar seinerseits nennt

Gott „das unendliche Subjekt" und „absolute Person" (Theologik I, S. 260, 273). Der vermutete antimoderne und antiidealistische Affekt Balthasars fällt also eher moderat aus. Zumindest kann Balthasar immer wieder recht dicht am Idealismus entlangdenken. Dabei befindet er sich in unmittelbarer Nachbarschaft zu Karl Rahner, der versucht, das Seinsdenken des Thomas von Aquin in einer schöpferischen – nicht historisierenden – Weise mit dem Idealismus ins Gespräch zu bringen.
Wenn man also sagt, das Sein ist oder wird im Kern subjektiv, so bringt man damit im Horizont neuzeitlicher Philosophie die klassische Einsicht der abendländischen Metaphysik zum Ausdruck, daß alles Sein wahr ist: D. h. es kann prinzipiell erkannt werden, und es ist für uns Menschen auch erkennbar. Das Wahre manifestiert sich als das Erkennbare, es *gibt* sich zu erkennen. Das Wahre trägt insofern einen Offenbarungscharakter. Das bringt besonders der griechische Wortsinn zum Ausdruck: *a-letheia,* Wahrheit bedeutet eigentlich *Unverborgenheit* (Theologik I, S. 233). Erneut stehen wir vor dieser Einsicht: Wahrheit ist ein Offenbarungsgeschehen. Menschen zeigen sich einander, treten aus ihrer unauslotbaren Innerlichkeit heraus, so daß Wahrheit schließlich als ein zwischenpersonales Geschehen verständlich wird.
An dieser Stelle ist der Schnitt zum Idealismus gemacht. Während der Idealismus Wahrheit im Verhältnis zwischen Subjekt und Objekt ansetzt, denkt Balthasar Wahrheit als Verhältnisgeschehen von Subjekt und Subjekt. Wenngleich man daher nach Balthasar in philosophischer Perspektive Gott als „unendliches Subjekt" und „absolute Person" erkennen kann, die für sich selbst Subjekt und Objekt ist, so zielt sein Verständnis der Wahrheit als intersubjektives Geschehen zwischen Personen doch auf ein trinitarisches Verständnis der Wahrheit. Vater, Sohn und Geist sind einander unverborgene Personen in der Einheit des göttlichen Wesen; kraft ihres einen Wesens offenbaren sich die göttlichen Personen einander und erkennen sie sich, sind sie die eine Selbsterkenntnis Gottes.
Hegel hat demgegenüber die Trinität als eine absolute Subjektivität konzipiert, die sich nur in drei *Phasen (Momenten)*

vollzieht, deren religiöse Veranschaulichungen er Vater, Sohn und Geist nennt. Balthasar zufolge sind die göttlichen Personen natürlich keine bloßen religiösen Veranschaulichungen einer absoluten göttlichen Person, sondern sie sind die eigentlichen Wirklichkeiten des göttlichen Wesens, dessen Subsistenz und Existenz. Daß sich aber Balthasar in philosophischer Perspektive auf das Geheimnis der Trinität zubewegt, nimmt seinen Überlegungen nichts von ihrem philosophischen Charakter.

Der Gott einer möglichen Offenbarung

Wenn man Wahrheit als Offenbarungsgeschehen begreift, dann ist sie unabtrennbar von der Freiheit, die handelt und die Tat der Offenbarung setzt. „Gott muß", wie oben gesehen, „in jeder Wahrheitserkenntnis, bewußt oder unbewußt, notwendig mitgesetzt werden, aber so, daß die Offenbarkeit seines Seins unmittelbar zurückgeführt wird auf eine ursprüngliche Freiheit seines Sich-offenbarens ... und daß in diesem Offenbarwerden Gottes seine herrschaftliche Freiheit und somit seine Verborgenheit in sich selbst ansichtig wird" (Theologik I, S. 260).

Topf und Deckel

Diesen Satz könnte Rahner geschrieben haben. Auch nach ihm ist in jeder Wahrheitserkenntnis mit transzendentaler Notwendigkeit Gott „mitgesetzt" (das heißt vorausgesetzt), und zwar als der freie Grund des aus sich heraus nicht notwendigerweise existierenden Menschen, der folglich nur aufgrund der Entscheidung einer absoluten Freiheit existiert. Da der Mensch die Freiheit Gottes weder erfassen noch etwas aus ihr ableiten kann, steht der Mensch immer schon vor Gott als dem „freien Unbekannten", der in seiner Verborgenheit offenbar ist (Rahner, S. 124–140).
Wenn man sich nun – inspiriert von den Offenbarung, doch mit philosophischen Überlegungen – an Gott als unendliches Subjekt, absolute Person und herrschaftliche Freiheit „herangedacht" hat, wie Balthasar, dann stellt sich natürlich unweigerlich die Frage, wie sich dieser freie Gott zum Menschen verhält und verhalten könnte. Eine Antwort liegt bereits in der Tatsache, daß Gott Welt und Mensch erschaffen hat: demnach *will* Gott, daß der Mensch sei. Balthasar spricht von der „Schöp-

fungsoffenbarung" (Theologik I, S. 263). Aber Gottes Offenbarkeit in Form der Schöpfung schließt nicht grundsätzlich aus, daß sich Gott auch noch in anderer Weise mitteilt, nämlich in der Geschichte der Menschheit, im Zusammenspiel mit der menschlichen Freiheit. Balthasar kommt es in seiner Wahrheitsschrift, seinem Barth-Buch sowie in *Glaubhaft ist nur Liebe* darauf an, herauszustellen, daß der Mensch von sich aus nicht den Anspruch erheben kann, daß Gott sich dem Menschen in der Geschichte offenbaren müsse. Ebensowenig könne der Mangel, den der Mensch in seiner Sehnsucht nach unendlicher, grenzenloser Erfüllung verspürt, zum Maßstab für die Erfüllung durch Gott erhoben werden: Gott kann sich in seiner Freiheit über alle menschlichen Maßstäbe, Sehnsüchte und Hoffnungen hinaus als vorab unauslotbare Erfüllung dem Menschen zuwenden. Balthasar will also sicherstellen, daß Gott nicht einfach der „Deckel" ist, den man auf den „Topf" Mensch setzt.

Karl Rahner, *Schriften zur Theologie* I, 1954, S. 344.

Gegen diese simple Vorstellung hat sich auch Rahner abgegrenzt. Ebensowenig wollen Maurice Blondel oder Henri de Lubac durch den Nachweis der Bezogenheit und Angewiesenheit des Menschen auf Gott diesen zum bloßen Erfüllungsgehilfen menschlicher Aspirationen machen.

So entzieht sich Jesus beispielsweise den Volksmassen, wenn er den Eindruck gewinnen muß, man wolle ihn nach der Brotvermehrung deshalb zum König machen, weil er ein so überaus praktischer „Brötchengeber" ist, der mit seinem Wunder auf Abruf zur Befriedigung menschlicher Bedürfnisse zur Stelle ist, aber das eigentliche Zeichen im Wunder übersieht (Joh 6,26 f.). Ebensowenig reagiert Gott nur auf die Suche des Menschen (vgl. Jes 65,1: „Ich wäre zu erreichen gewesen für die, die nicht nach mir fragten, ich wäre zu finden gewesen für die, die nicht nach mir suchten"). Schließlich ist es Gott, der erwählt, und nicht etwa der Mensch, der Gott erwählt (vgl. Joh 15,16). Insofern geht Gottesfrage und Gottessuche bereits ein erwählendes Handeln Gottes am Menschen voraus, der diesen offenbar auf sich hin erschaffen hat, um ihm die Erfüllung in

Gemeinschaft mit sich zu schenken. Dieses „Geschaffensein auf Gott hin, um mit Gott erfüllt zu werden“ erfährt der Mensch in seiner Suche und Frage nach Gott. Aus biblischer Perspektive ergeben sich allerdings auch immer Korrekturen an der Gottessuche des Menschen, „das falsche, sündige Suchen ... nach Wundern und Zeichen – anstelle des Suchens nach dem Reich Gottes (Mt 6,33)“ (Theologik II, S. 90) muß von Gott her überwunden werden. So hat auch Rahner herausgestellt, daß Philosoph nur sein kann, „wer geistig in Tempeln und Klöstern wohnt“ (Rahner, S. 162), der also um eine innere Reinheit seiner Suche nach Wahrheit bemüht ist.

Weil die Sünde das Suchen des Menschen nach Gott aber nicht notwendigerweise in das Gegenteil verkehrt, ist auch aus theologischer Sicht stets ein philosophischer Weg zur Gotteserkenntnis und zum Gedanken der Möglichkeit einer Offenbarung offen. Deshalb konnte Balthasar geradezu „linkskatholisch“ die 1950 von Papst Pius XII. veröffentlichte Enzyklika *Humani generis* bedauern, die anscheinend (!) die Position Henri de Lubacs beanstandet – eine Position, die auch philosophisch die Ausrichtung des Menschen auf Gottes freie Offenbarung zum Thema macht. Zugleich setzt Balthasar 1950 ausdrücklich seine Hoffnungen auf Rahner, der seine religionsphilosophische Schrift *Hörer des Wortes* dem inneren Zusammenhang zwischen Mensch und Offenbarung gewidmet hat (Guerriero, S. 409f., 56, 125). Diese Sympathien läßt Balthasar noch im zweiten Band der *Theologik* (1985) erkennen, wenn er über *Hörer des Wortes* schreibt, „der Kern des wohl schönsten Buches Karl Rahners“ liege in dessen Erkenntnis, „daß der Mensch seinshaft vor einem Transzendenten steht, das als ihn begründendes in sich frei ist, weshalb er ‚mit einem möglichen Reden Gottes‘ rechnen muß, ‚das sein Schweigen bricht und seine Tiefen dem endlichen Geist erschließt‘„ (Theologik II, S. 107).

Freilich gibt Balthasar auch zu bedenken, daß bei einem bewußten Stehen des Menschen vor Gott, der reden kann, aber nicht muß, die Gnade Gottes schon im Spiel ist. Dagegen hat Rahner an sich auch nichts einzuwenden. Aus philosophischer

Perspektive kann die Gnade Gottes nicht bereits zum Thema werden. Wenngleich der Philosoph mit ihr rechnen kann, darf er sie nicht als Argument verwenden. Ein handgreiflicher Übergriff in die Theologie liegt erst dann vor, wenn es die philosophische Reflexion in jedem Fall besser wissen will als die Theologie, vor allem eben in Fragen und Themen, die zur Theologie gehören. Erst dann trifft Balthasars Einwand zu, man betreibe im philosophischen Kleid eine Krypto- oder Pseudotheologie. Aber auch die Theologie kann nicht gleichsam mit dem Millimeterstab abmessen, wo nun genau beim konkreten Menschen das Gnadenwirken Gottes beginnt und die natürlichen Kräfte des Menschen über sich hinaushebt. Natürlich rechtfertigen diese Hinweise keine billige Erleichterung des Denkens. Die Philosophie gelange zu einem Postulat „der Vollendbarkeit des existierenden Menschen", ohne die Tatsache der Vollendung erschließen zu können (Herrlichkeit III/1, S. 180; Das Ganze im Fragment, S. 73). Das doch zu versuchen wäre nun in der Tat eine philosophische Anmaßung und ein Übergriff in die Theologie. Der Mensch kann seine eigene Vollendung nicht Gott „anbeweisen" und abverlangen, sondern sie nur entgegennehmen. Daß dies aber *möglich* ist, das vermag die Philosophie aufzuweisen. Die Philosophien und Religionen der Völker können „auf der Ebene des Vorentwurfs erlösender Offenbarung, im rein Formalen so etwas wie gestalthafte Umrisse der von Gott her erfolgenden Offfenbarung aufscheinen lassen … Das Formale bedeutet hier ein Abstecken des Raumes, worin das Ereignis geschehen muß, wenn wirklich das Wesen Mensch Empfänger solcher Heilsoffenbarung sein soll" (Das Ganze im Fragment, S. 73).

Das menschliche Du als Ort des einen und einzigen göttlichen Du

Balthasar selber entwickelt diesen Vorentwurf einer erlösenden Offenbarung in Form des Gedankens der Liebe und des unvereinnahmbaren Du, welches das Ich in seinem Verlangen nach Liebe auch zu korrigieren vermag: eine egoistische Form des Wunsches nach Liebe kann aufgesprengt werden. Vor allem kann der, der wirklich liebt, nicht in jeder in Hinsicht vorwegnehmen, wie er durch den anderen sich selbst zurückgegeben wird, wie seine Selbsthabe sich dadurch darstellt, daß er vom anderen „gehabt" und ergriffen wird. Die Offenbarung Gottes gibt den Menschen sich selbst als erlösten zurück, als jemanden, in dessen Zentrum jetzt Christus die neue Identitätsmitte bildet (Nicht mehr ich lebe als auf mich bezogenes Ich, sondern Christus lebt in mir, vgl. Gal 2,20). *Wie* das sozusagen ist, daß Christus meine neue Identität darstellt, dies läßt sich vorab nicht mit philosophischen Überlegungen ausmachen oder gar konkret vorwegnehmen.

Mit seinen Überlegungen zur möglichen Gestalt der Offenbarung will Balthasar also nicht ableiten oder vorwegnehmen, wie die Offenbarung konkret auszusehen habe; statt Deduktionen will er lediglich Vorverständnisse für das unableitbare Ereignis der Offenbarung erschließen, wobei er das Wort „Vorverständnis" gerne in Anführungszeichen setzt, um den Begriff nicht als Ergebnis strenger Beweise einzuführen. Diejenigen, die in diesem Zusammenhang von einer Ableitung gesprochen haben, beabsichtigen aber auch nicht mehr zu tun als Balthasar. Denn dazu, daß die dem Menschen geltende und ihn erlösende Offenbarung nicht durch ein menschliches Du in der Geschichte der Menschheit vermittelt ist, gibt es keine ernsthafte Alternative: „sollte Gott, der Ganz-Andere, je dem Menschen begegnen wollen, dann müßte der Ort seines Erscheinens der je-andere Mensch sein, jener ‚Nächste', der immer zugleich auch der Fernste ist" (Glaubhaft, S. 29).

Wenn es Balthasar zurückweist, daß auch die Auferstehung als Aspekt der endgültigen Offenbarung und des Heils in den Blick philosophischer Überlegungen kommen kann – eine derartige Annahme sei eine „unverantwortbare Verfrühung" (Theologik II, S. 221) –, so stellt sich allerdings die Frage, wie dann die von Balthasar aus Sicht der Philosophiegeschichte immerhin anvisierte Vollendbarkeit des Menschen gedacht werden soll. Eine den Menschen erlösende und vollendende Offenbarung müßte ja insbesondere in ihren Auswirkungen an dem Du abzulesen sein, das sie darstellen und vermitteln will. Das schließt freilich nicht die Forderung ein, daß auch der Heilsmittler zuerst einmal selber geheilt und erlöst werden müßte (Jesus ist ohne jede Sünde, vgl. 2 Kor 5,21), dafür aber die Vollendung seines Menschseins durch die Auferstehung, die für andere Menschen darüber hinaus auch und zuerst Erlösung bedeutet.

Interessanterweise verschwinden die oben erwähnten Anführungszeichen des Wortes „Vorverständnis" auch wieder, wenn Balthasar sich mit Überlegungen evangelischer Autoren auseinandersetzt, die, wie Karl Barth, jeden Anknüpfungspunkt im Menschen für die Offenbarung und deren Verständnis als eine Art „Verfrühung" betrachten, aber faktisch gezwungen sind, zu erklären, wie die Offenbarung für alle Menschen relevant wird. In dem Moment, in dem Barth und auch sein Schüler Jüngel (s. auf S. 28) die Bedeutung der Offenbarung für jeden Menschen erschließen, spannen sie, ausgehend vom Menschen, einen Verstehenshorizont auf, in dem die Offenbarung sodann in ihrer anthropologischen Relevanz erschlossen werden kann (vgl. Glaubhaft, S. 40, 48; Theologik II, S. 210 mit 247 f. zu Jüngel).

Balthasar versäumt es ebensowenig, Gründe dafür namhaft zu machen, daß eine wirkliche Offenbarung nur in *einem* gottmenschlichen Du erfolgen kann, und sich nicht durch eine Vielzahl von Mittlergestalten mitteilt. Dem einen Gott entspreche das Ergehen des göttlichen Offenbarungswortes an „einer Zeit-Raum-Stelle" durch einen Menschen (Das Ganze im Fragment, S. 205; Glaubhaft, S. 29; Theodramatik IV, S. 105). Eine vielen oder gar allen Menschen zuteil werdende endgültige Offenbarung würde die Schöpfungsordnung aufheben und die durch das unvereinnahmbare Du vermittelte Erfahrung der Andersheit Gottes auflösen. Schon das alttestamentlich bezeugte Erwählungshandeln Gottes gilt jedoch dem einzelnen (Patriarchen, Propheten, Königen) und dem *einen* Volk Gottes zugunsten aller Völker.

Der „entrückte" Hörer des Wortes

Kommen wir zur Mitte des erkenntnistheoretischen Ansatzes der Theologie Balthasars: Die erläuterten Vorverständnisse für das einmalige Offenbarungsgeschehen in einem Gottmenschen torpedieren seinen erkenntnistheoretischen Ansatz nicht. Das macht vorab seine eigene Berufungserfahrung deutlich. Blitzartig, unerwartet traf ihn Gottes Ruf während jener Exerzitien in der Nähe von Basel. Blitzartig werde auch das menschliche Subjekt von der Herrlichkeitsgestalt Gottes in Jesus überwältigt; anders sei das Ereignis des Glaubens nicht verständlich zu machen. Man schaut Gott in der *Ikone* (griechisch für Ebenbild, vgl. Kol 1,15: der Sohn als die *Ikone* des unsichtbaren Gottes) seines menschgewordenen Sohnes und weiß, jetzt muß ich mein Leben ändern, so wie der Kaufmann im Gleichnis Jesu, der die besonders schöne und wertvolle Perle fand und sofort wußte, was zu tun war, um sie zu erwerben: Er verkaufte seine ganze Habe (Mt 13,45 f.). Aber Balthasar machte auch deswegen die Exerzitien, weil er auf der Suche nach einer Lebensentscheidung war; er erlebte sich faktisch als *Hörer* eines möglicherweise an ihn ergehenden Rufes. In ähnlicher Weise ist jener Kaufmann des Gleichnisses als *Perlensucher* ausgewiesen. Wiederum sind also Vorverständnisse im Spiel: von Berufung, Lebensentscheidung – oder einer schönen Perle.

Alle Erkenntnis beginnt aber nicht beim Subjekt selbst, sondern beim Objekt, das sich ihm entbirgt. Balthasar lenkt deshalb seine Aufmerksamkeit zuerst auf die *objektive Evidenz,* die der Selbstauslegung Gottes in Jesus zukommt, der nach Joh 1,18 den Vater auslegt, *exegiert* (griechisch: *exegesato*). Den menschgewordenen Sohn versteht Balthasar als den Interpreten des Vaters; er ist die Wahrheit, d. h. die Unverborgenheit, das ins Offene von Zeit und Raum tretende Dasein Gottes für die Menschheit. Balthasar setzt bei „Gottes Hermeneutik" (Wissenschaft des Verstehens, der Textauslegung) an. *Gott ist sein eigener Exeget,* lautet bezeichnenderweise ein Artikel Balthasars.

In: *Internationale kath. Zeitschrift „Communio"* 15 (1986), S. 8–13.

Theologie sei „Wort von Gott her“, was sich aber bereits in der Heiligen Schrift mit der Philosophie verbunden habe, die als menschliche Rede über Gott zu begreifen sei (Herrlichkeit III/2-2, S. 94).

Um die objektive Evidenz der Exegese Gottes in Christus zu begreifen, bedarf es des Heiligen Geistes: Er schlägt die Brücke zwischen Gottes Selbstdarstellung in der Geschichte und dem Menschen, der sie wahrnimmt. Weshalb ist diese Brücke notwendig? Die Wahrnehmung, mit der die Wahrheit Gottes erst im Menschen ankommt, gehört *einerseits* nochmals selbst zur Offenbarung Gottes dazu; die Offenbarung bringt das übernatürliche Licht mit, in dem sie selber erfaßt wird. Würde hier nur das natürliche Licht des menschlichen Verstandes brennen, so wäre die Wahrnehmung der Offenbarung auf ein rein menschliches Maß reduziert und es könnte daher nie ausgeschlossen werden, daß der Mensch sich bei seiner Wahrnehmung vielleicht irrt. Paulus schreibt im Ersten Korintherbrief: „Wer von den Menschen kennt den Menschen, wenn nicht der Geist des Menschen, der in ihm ist? So erkennt auch keiner Gott – nur der Geist Gottes“ (2,11). Man muß also am Geist Gottes, der „die Tiefen der Gottheit ergründet“ (1 Kor 2,10) und in der Kirche wirkt, Anteil haben, um Gottes Offenbarung zu erkennen. *Andererseits* ist es der Mensch, der die Offenbarung schaut – mit seinen für Gott prinzipiell offenen Augen, aber eben im (die Augen reinigenden) Licht des Heiligen Geistes.

Im Blick auf das menschliche Subjekt, das die Offenbarung Gottes schaut, entfaltet Balthasar seine Wahrnehmungslehre als eine „Erblickungslehre“, die zugleich „Entrückungslehre“ ist (Herrlichkeit I, S. 118): Der Mensch erblickt staunend und überwältigt die Gestalt des sich aus Liebe allein offenbarenden Gottes und wird sich dadurch selber genommen, blitzartig entrückt, und findet sich in neuer, glaubender Weise sich selbst zurückgegeben. In der Rückschau wird sodann das erschlossen, was dem Verständnis der Offenbarung vorausliegt, das also, was man ein Vorverständnis der Offenbarung nennt. Dieses Vorverständnis geht in die subjektive Evidenz ein, welche die Offenbarung für den gläubig werdenden Menschen besitzt und die in philosophischer Form dargestellt werden kann. Der Hörer des Wortes ist zuerst immer ein „entrückter" Hörer.

Exegetischer Teil und erblickte Ganzheit

Es wurde bereits darauf hingewiesen, daß Balthasar die Bedeutung der Schau der Gestalt für eine theologische Wahrnehmungslehre, eine Ästhetik, an der Dichtung Goethes abliest. Vor dem Erkennen der Details, der analytischen Zergliederung, auch der Entfaltung eines Vorverständnisses für die überwältigende Wucht des Offenbarungsgeschehens, steht Balthasar zufolge die Wahrnehmung des Ganzen, der Gestalt.

Dafür, daß in der Tat eine Intuition des Ganzen am Anfang jeder Erkenntnis steht, spricht unsere menschliche Erfahrung im Zusammenhang der Erkenntnis eines anderen Menschen. Einen anderen Menschen nehmen wir zuerst blitzartig und intuitiv wahr; es entsteht in uns ein Bild von ihm, das den Ausgang für spätere Reflexionen bildet. Wir beginnen also nicht damit, einen anderen Menschen erst von den Details seiner einzelnen Merkmale her zu erkennen, um erst am Ende zu einem Gesamtbild zu kommen. So können wir uns auch im Traum an einen Menschen erinnern, obwohl wir ihn nur kurz gesehen und gesprochen haben und gar keine Zeit hatten, seine Eigenschaften im einzelnen zu studieren; wir haben ihn eben zuerst intuitiv in seiner Gesamterscheinung wahrgenommen.

Von dieser zwischenmenschlichen Form des Erkennens geht Balthasar aus und überträgt es auf die Wahrnehmung der Gestalt Christi. Die Jünger begegnen plötzlich Jesus bzw. er ihnen, sie nehmen seinen Ruf wahr und folgen ihm. Ebenso geschieht es Paulus. Den Aposteln ist, ohne daß dies zunächst näher erläutert wird, intuitiv etwas aufgegangen, was erst später im einzelnen klar wird.

Daher Balthasars Bedenken in bezug auf die moderne Exegese und die *historisch-kritische* Methode:

Historisch-kritische Methode: Erforschung der Hl. Schrift nach den Grundsätzen der modernen Geschichts- und Literaturwissenschaft. Ihre wichtigen Ergebnisse leiden mitunter daran, daß die Methode theologiefremden Voraussetzungen gehorcht.

Sie seziere die Gestalt Jesu oft nur in ihre Bestandteile und stelle Jesus nicht in seiner überwältigenden Erscheinung vor. Man darf Balthasar jedoch keinen naiven, unwissenschaftlichen Zugang zu Jesus unterstellen. Er weiß sehr wohl die Ergebnisse der modernen, kritischen Exegese in seine Christologie zu integrieren. Allerdings müßte die Exegese auch Selbstkritik üben, mit dem Ziel, ihre Einzeluntersuchungen wieder auf das Ganze der Offenbarung beziehen zu können. Neuste Formen der Exegese geben Balthasars Anliegen dahingehend recht. Der Evangelist Markus z. B. legt in seinem Evangelium größten Wert darauf, daß die Ganzheit der Gestalt Christi erst vom Kreuz aus zu erkennen ist. Erst am Kreuz erfolgt das Bekenntnis des Hauptmanns: „Wahrhaftig, dieser Mensch war Gottes Sohn“ (Mk 15,39). Vorher ist die Ganzheit des Lebens Jesu nicht gegeben, so daß die „Teile“ des Lebens Jesu, seine einzelnen Worte und Taten, unabhängig davon nicht richtig zu verstehen sind (Theologik III, S. 64). Darum verbietet Jesus den Jüngern und den von ihm Geheilten, von seinen Wunderzeichen zu berichten. Er will nicht als Wundertäter oder Heiler in die Geschichte eingehen, sondern als derjenige, dessen Leben ganz der Gottesherrschaft dient. Was diese Gottesherrschaft ist und wer ihr Mittler ist, dies wird erst von Kreuz und Auferstehung her klar. Dann sind die Wunder Jesu verständlich: Sie sind Zeichen der Gottesherrschaft, aber nicht diese selbst in Vollform. „Jesus schlägt durch immerwährende Redeverbote das überall aufglimmende Feuer falscher Bewunderung nieder, und dies vergeblich. ... Die Wunder Jesu gehören zuletzt wesentlich zu seinem Unterwegs: Neuer Bund ist erst im Anbruch, deshalb sind die diesseitigen-leibhaftig-sinnlichen ‚Machttaten‘ ihrer Gestalt nach noch alttestamentlich und prophetisch auf das eine Wunder von Tod-Auferstehung hin“ (Herrlichkeit III/2-2, S. 311).
Balthasars Wahrnehmung der Gesamtgestalt Christi ist also ganz und gar biblisch und verdankt sich somit auch der modernen Exegese, deren Analysen dazu behilflich sein können, die eben geschilderte Art und Weise zu erfassen, mit welcher die Gestalt Jesu an Konturen gewinnt.

„Griechische“ Eigenschaften des handelnden Gottes?

Obgleich das umfangreiche und vielseitige Werk Balthasars für viele theologische Fragestellungen Perspektiven, Einsichten und Neuansätze bietet, darf zweifellos die Gotteslehre mit ihrem trinitarischen Profil ein Höhepunkt der Theologiegeschichte des 20. Jahrhunderts genannt werden. Wir wollen ihr uns mit einer Fragestellung nähern, die zunächst die klassische Lehre von Gott betrifft, die Gott bestimmte, heute oft als problematisch empfundene Eigenschaften *(Attribute)* zuschreibt.

Begriff und Bild

Vorab eine Anmerkung, die uns zur aufgeworfenen Frage führt: Balthasars Gotteslehre und Trinitätstheologie ist sicherlich keine Lehre von der Dreifaltigkeit im Sinn einer systematischen Abhandlung oder eines Lehrbuchs zur Prüfungsvorbereitung. Natürlich fließt „Lehrbuchwissen“ in Balthasars Ansatz mit ein. Aber im Zentrum steht eine mystisch-theologische Erfahrung, die um ihre sprachliche Darstellung ringen muß. Weil dabei ein reiches Bildmaterial vor dem geistigen Auge des Betrachters ausgebreitet wird, liegen mitunter Mißverständnisse auf der Hand. Die Bilder und Metaphern dürfen nicht unmittelbar als theologische Definitionen oder Beschreibungen des Innenlebens Gottes begriffen werden. In ihrer Plastizität bringen sie gerade etwas zum Ausdruck, was Fachbegriffe niemals in derselben Weise zu verstehen geben können. Diese „Überdeutlichkeit“ mancher Ausdrucksweisen können darum für den, der eher klare Definitionen und Begriffe sucht, undeutlich oder mißverständlich wirken. Zur Probe aufs Exempel müssen sich natürlich die theologischen Aussagen Balthasars auch in den schlichten Fachjargon der Lehrbuchtheologie zurückübersetzen lassen, so daß deutlich wird, daß sie keinesfalls, wie manchmal kritisch vermutet, über das Ziel hinausschießen und auf eine falsche Fährte locken. Umgekehrt bieten Balthasars Ausführungen eine kaum zu überschätzende Tiefenschau, derer die Fachsprache nicht mächtig ist. Die Vorherrschaft dieser Fachsprache hat ja auch zu einer gewissen Fremdheit geführt, die viele Christen empfinden, wenn sie sich bewußt machen, daß sie an einen dreifaltigen Gott glauben und die Dreifaltigkeit anderen erklären sollen (Klarstellungen, S. 27 ff.). Andererseits verteidigt Balthasar diese Fachsprache. Er anerkennt, daß es in den ersten Jahrhunderten der Kirchengeschichte unvermeidlich war, möglichst exakte Definitionen auszuarbeiten, um den gemeinsamen Gauben verantwortlich zu formulieren. Jetzt tue aber eine Verlebendigung not. Außerdem bemüht er sich, mit Hilfe der Trinitätstheologie die Eigenschaften Gottes neu zu denken, die viele Theologen für problematisch halten. Vielfach wird geäußert, daß die Lehre von den Eigenschaften Gottes – wie Unbeweglichkeit, Unveränderlichkeit, Leidlosigkeit und die je größere Unähnlichkeit Gottes – der christlichen Gotteslehre geschadet habe.

Der Abschied vom Gott der griechischen Philosophie

Nachdem man sich nämlich zu Beginn des 20. Jahrhunderts neu darüber klar wird, daß beim Eintauchen des Christentums in die griechische Denkwelt auch viele philosophische Vorstellungen von Gott in die christliche Gotteslehre Einzug hielten, meint man, sich von dieser Mitgift wieder befreien zu müssen, um dem jüdisch-christlichen Gottes ohne fremdes Beiwerk die Ehre geben zu können.

Hellenisierung lautet der Vorwurf des evangelischen Dogmenhistorikers Adolf von Harnack (1851–1930), der das kirchliche Dogma als „Werk des griechischen Geistes auf dem Boden des Evangeliums" betrachtet und von diesem Geist wieder lösen will. Die sogenannte *Hellenisierungsdebatte* richtet sich somit

gegen das Dogma. Demgegenüber ist festzustellen, daß es vielmehr umgekehrt zu einer Christianisierung des Hellenismus gekommen ist und damit zu einer völligen Umbildung der von der Kirche verwendeten griechischen Begriffe.
„Hellenisierungsgegner" zielen konkret auf die sogenannten hellenistischen Gottesattribute wie Unbeweglichkeit, Unveränderlichkeit und Leidlosigkeit – Eigenschaften, die beispielsweise Aristoteles in seiner *Metaphysik* Gott zuweist; der unbewegte Beweger der Welt steht in keinem lebendigen Kontakt zur Menschheit. Der jüdisch-christliche Gott hat sich dem gegenüber gerade als der definiert, der für sein Volk und die Menschen da ist (Ex 3,14): Er ist der Immanuel, der Gott-mit-uns (Jes 7,14; Mt 1,23; 28,20), was in der Menschwerdung des ewigen Sohnes seinen Höhepunkt findet. Gott wird Mensch, läßt sich vom Leid der Menschen berühren, leidet selber, stirbt am Kreuz. Wer dagegen behauptet, Gott sei unveränderlich oder über alles Leiden erhaben, der verkündet offenbar nicht den christlichen Gott. Folglich betrachtet man die metaphysische Redeweise vom unbeweglichen Gott als Selbstmißverständnis des Christentums. Außerdem: Wer will schon einen starren, teilnahmslosen Gott über sich thronen wissen? Um der Freiheit des Menschen willen scheint es da besser, auf diesen regungslosen Gott über uns zu verzichten. Also auch um Einwänden seitens des Atheismus den Wind aus den Segeln zu nehmen, muß ein nach den Maßstäben der griechischen Philosophie geschnitztes Gottesbild vom Sockel geworfen werden.

Dieses Anliegen formuliert beispielsweise auch E. Jüngel, vgl. Randnote S. 28.

Das aktive Leiden der Liebe

Balthasar wendet sich gegen diese Tendenzen in der Theologie, die das Kind mit dem Bad ausschütten. Den eigentlichen Sinn dieser in die Kritik geratenen Gottesattribute gelte es neu zu entdecken. Wenn daher Balthasar vom Leiden Gottes spricht, dann nicht, um dem Axiom von der Leidlosigkeit Gottes unmittelbar zu widersprechen, sondern um den rechten Sinn

THOMAS KRENSKI (vgl. Randnote S. 38) hat in *Passio Caritatis* nachweisen können, daß Balthasars *Passiologie* (Lehre vom Leiden) keinen tragischen Gott vorstellt, dem Leid schicksalhaft widerfährt.

dieses Axioms herauszustellen, was allerdings eine behutsame Kritik an Vorstellungen einschließt, die der Entäußerungsgestalt des göttlichen Sohnes nicht mehr vollauf genügen konnten (Mysterium Paschale, S. 143 ff., 148, 152). Leiden, „*Pathos* kann verstanden werden als ein unfreiwilliges äußeres Widerfahrnis. Ein solches kann Gott auf keinen Fall zustoßen" (Theodramatik IV, S. 197).

„Pathos kann in Gott nicht sein, sofern dieses ein ungewolltes Bestimmtwerden von außer her besagt" (Theodramatik IV, S. 200). Aber weil sich Gott von Ewigkeit her verschenkt, weil er schon in sich das Ereignis sich verschenkender Liebe ist, darum kann er sich gerade auch dem Menschen schenken, der im Leid darniederliegt, und diesem näher sein als ein Mensch dem anderen.

Gerade weil Gott immer anders ist und den Menschen gegenüber stets unähnlicher als ähnlich, kann Gott auch immer ganz anders mit dem Menschen im Leiden solidarisch sein und insofern heilsstiftend mitleiden, ohne dadurch ein Gefangener des Leidens oder plötzlich selber erlösungsbedürftig zu sein. Krenski unterstreicht darum, daß man Balthasars Rede vom Leiden Gottes gemäß den Prinzipien der Analogie zu verstehen habe: Es wird also weder Gott in ein teilnahmsloses, unberührbares Jenseits verbannt, was eine Kritik am Gottesbegriff des Aristoteles einschließt; genausowenig wird Gott wie in Mythen als tragische Gestalt vorgestellt – hier liegt die Bedeutung der griechischen Gottesattribute; sie dienten den griechischen Philosophen zur Kritik an den anthropomorphen, d. h. zu sehr vermenschlichenden Vorstellungen von Gott und Göttern (Passio Caritatis, S. 362–370). Balthasar verstehe demgegenüber das Leiden Gottes als Leiden einer sich frei auf den Menschen zubewegenden Liebe, die auf den Widerstand der Sünde stößt, durch diesen Widerstand aber auch nicht wächst, sondern nur sie selbst bleibt in Solidarität mit dem in der Sünde verfangenen und im Leid erniedrigten Menschen. Leiden und Mitleiden Gottes ist also Ausdruck der Aktivität göttlichen Liebens. Eine Leidensfähigkeit als Passivität ist nur von dieser Ak-

tivität der Liebe her anzunehmen: „Gott (und auch der Menschgewordene) kann passiv nur betroffen werden, sofern dies einem vorausgehenden aktiven freien Willensentschluß entspricht" (Theodramatik IV, S. 200).
In dieser Perspektive muß man schließlich Aussagen Balthasars lesen, die durchaus von einer sich abzeichnenden Tragödie sprechen, die Gottes dreifaltiges Leben selbst betrifft: Aufgrund seiner sich aktiv dem Menschen zuwendenden Liebe vermag sich der Mensch auch immer mehr Gott entgegenzusetzen und sich die Hölle zu bereiten. Das wird insbesondere im Leben Jesu deutlich: je mehr er seine Sendung verwirklicht, desto mehr ruft er den Widerstand der Menschen auf den Plan, die in Gottesferne verstockt sind und dort auch um jeden Preis bleiben wollen. „Kein Zweifel: Jesu Ankunft hat das schlummernde Nein der Welt aufgeschreckt" (Theodramatik IV, S. 319). Das Licht Jesu „deckt das Wesen der Finsternis nicht nur auf, sondern treibt sie hervor, vertieft sie. Genau an dieser Stelle stehen wir ... im Kernpunkt des Dramas, ja der Tragödie" (Theodramatik IV, S. 180). Aber Gott wird dadurch nicht zur tragischen Figur, die durch das Gute, das sie tut, das Böse mehrt. Gott geht in den Propheten und unüberbietbar in Jesus den Weg der unveränderlichen Liebe des Je-Mehr, weil es der einzige Weg ist, den die Liebe kennt: Sie kann nur ihren eigenen Weg gehen, nicht aber zornentbrannt, weil der Erfolg ausbleibt, den Sünder ins Nichts verschwinden lassen und sich, entnervt und blutig geschlagen, in ihren Himmel zurückziehen. Dann erst wäre Gott wirklich tragisch gescheitert. Entscheidend bleibt, daß Gott mit seiner immer schon größeren Liebe auf die noch so widerspenstige Sünde und Herzensverhärtung im voraus zur Stelle ist, weil er von Ewigkeit her die je größere Liebe ist. Unbeweglich ist Gott in seiner je größeren Liebe er selbst; deshalb macht er niemals eine verhängnisvoll tragische Figur.

Unbeweglicher Gott im gekreuzigten Fleisch

Die Unbeweglichkeit Gottes hat also für Balthasar nichts damit zu tun, daß Gott sich von nichts und niemandem bewegen lasse und erhaben über dem Jammertal der Sterblichen glückselig dahinschwebe. Die Unbeweglichkeit Gottes weist zuerst darauf hin, daß Gott nicht von außen durch andere Ursachen bestimmt wird und keinem fremden Diktat unterliegt; daß er sich auch nicht erst noch vervollkommnen und selbstverwirklichen muß durch sein Welt-Engagement.

Bewegung bedeutet in der griechischen Philosophie nämlich nicht zuerst die gewöhnliche Bewegung von einem Ort zum anderen; gemeint ist etwas, was sich von einem *potentiellen* Stadium zu einem *aktuellen,* wirklichen Zustand fortbewegt: daß sich jemand von der Möglichkeit, eine Sprache zu erlernen, zum Stadium des aktiven Sprechenkönnens *bewegt.* Derartige *Bewegungen* gibt es in keinem wie auch immer gedachten Gott; andernfalls wäre er nicht absolut und vollkommen.

Auf denselben Sachverhalt zielt das Attribut von der Unveränderlichkeit Gottes. Gott ist ewig er selbst *und* zum Dasein für den Menschen entschieden, wie auch Vater, Sohn und Geist von Ewigkeit her für ihr gegenseitiges Füreinanderdasein existieren. Deshalb muß sich Gott nicht verändern, um barmherzig und treu zu sein. Er verändert sich auch nicht dadurch, daß der göttliche Sohn eine menschliche Natur annimmt und sie durch sich existieren läßt. Balthasar hält es außerdem für unzureichend, die Unveränderlichkeit Gottes nur auf seine unveränderliche Treue zu Israel oder zur Menschheit einzuschränken. Vielmehr schaue bereits die Heilige Schrift durch diese unveränderliche Treue Gottes hindurch auf Gott selbst, dem nicht nur im Verhältnis zum Menschen Unveränderlichkeit zukommt, sondern der auch in sich selber unveränderlich ist (Theodramatik IV, S. 200).

Da nun aber der metaphysische Träger dieser zur Existenz gebrachten menschlichen Natur der Sohn Gottes ist, kann man auch sagen, daß der Sohn Gottes in dieser angenommenen

Natur leidet, ans Kreuz genagelt wird, stirbt und auch mit dem Leichnam im Grab verbunden bleibt, so daß man – in dieser Hinsicht (!) – vom Tod Gottes, vom Tod des göttlichen Wortes sprechen kann (Herz der Welt, S. 110: „Gott ist tot"; Theodramatik III, S. 300; IV, S. 242, 294, 300 u. ö.). Der Sohn verändert sich in seiner angenommenen und in ihm wirklichen menschlichen Natur: er wächst, nimmt zu an Alter und Weisheit, lernt die Sprache seiner Umgebung, schließlich leidet und stirbt er. Aufgrund der angenommenen menschlichen Natur betreffen Leiden und Tod wirklich den Sohn Gottes und ebenso Vater und Geist, die ja sie selbst sind im Bezug auf den Sohn und vom Sohn her. Im Blick auf die angenommene, Leid und Tod ausgesetzte menschliche Natur gibt es eine Veränderung. Leid und Tod berühren nicht nur eine vom Sohn Gottes fein säuberlich abgetrennte menschliche Natur. Jesus ist nicht der gekreuzigte Doppelgänger des vom Kreuz unberührt bleibenden ewigen Sohnes. Balthasar wendet sich entschieden gegen jede überzogene *antiochenische Christologie*.

Mit dem Konzil von Chalcedon (451) betont Balthasar, daß es in Jesus nur ein Subjekt gibt: *Ein und derselbe* ist der Träger und die Existenz der göttlichen wie auch der menschlichen Natur. Dieser *Ein und Derselbe* ist die Person des Sohnes. Deshalb wird diese Person des Sohnes, insofern sie die menschliche Natur annimmt, auch aus Maria geboren, weshalb Maria nach dem Dogma des Konzils von Ephesus (431) *Gottesgebärerin* (Gottesmutter) genannt werden muß. Die Person des Sohnes wird als Träger und Existenzprinzip der menschlichen Natur an der Zeitraumstelle des Kreuzes zu Tode gemartert. Balthasar zitiert den *Alexandriner* Cyrill, Patriarch von Alexandrien, der in einem Lehrschreiben zum Konzil von Ephesus falsche christologische Lehrmeinungen, insbesondere die des Antiocheners und Patriarchs von Konstantinopel Nestorius, verurteilte:

In ***Antiochia*** wurde eine die Eigenexistenz der menschlichen Natur Christi herausstellende Christologie entwickelt, was dazu führen konnte, die personale Einheit mit dem einen Existenzprinzip des göttlichen Sohnes unzureichend auszudrücken. Als ***Alexandriner*** galten dagegen Theologen, die besonders die Einheit des göttlichen Sohnes mit seiner menschlichen Natur betonten. Dies geschah jedoch auch in mißverständlicher Weise. Es konnte der Eindruck entstehen, man beschneide das Menschsein Jesu, dadurch, daß man an die Stelle der menschlichen Seele Jesu den göttlichen Logos setzte oder einen menschlichen Willen in Christus leugnete.

„Wer nicht bekennt, daß das Wort Gottes im Fleisch (= die menschliche Natur aus Leib und Seele) gelitten hat, im Fleisch gekreuzigt wurde, im Fleisch den Tod gekostet hat, der Erstgeborene aus den Toten geworden ist, ... der sei ausgeschlossen". Deshalb könne man auch den Satz unterschreiben *unus ex Trinitate passus est:* „Einer aus der Trinität hat gelitten" (Theodramatik II/2, S. 207, 220). Diese Formel bestätigt Papst Johannes II. in einem 534 verfaßten Brief. Sie findet sinngemäß Verwendung in den Beschlüssen des 2. Konzils von Konstantinopel (553): „Wer leugnet, daß unser im Fleisch gekreuzigter Herr Jesus Christus wahrer Gott und der Herrlichkeit nach einer der heiligen Dreifaltigkeit ist, der sei ausgeschlossen." Das Leiden bezieht sich also auf den Sohn im Fleisch, in der menschlichen Natur. Dieses Konzil ist wichtig, weil es den für die Christologie maßgeblichen Ausdruck der *hypostatischen Union* prägte. Unter dem griechischen Wort *Hypostase* versteht man hier die Wirklichkeit der göttlichen Person *(Hypostase)* des Sohnes, der die angenommene menschliche Natur mit sich eint *(uniert),* indem er ihr in sich Existenz verleiht (indem er sie in sich *subsistieren* = real sein läßt).

Die sich auf das 2. Konzil von Konstantinopel stützende ***neuchalcedonische Christologie*** betont entschieden die Einheit von göttlicher und menschlicher Natur in der Person des Logos. Balthasar steht diesem Neu-Chalcedonismus recht nahe. Karl Rahner steht eher auf der Seite der antiochenischen Christologie.

Es dürfte aufgrund der Zitate deutlich sein, daß sich Balthasars Denken in der Nähe zur *alexandrinischen* und *neuchalcedonischen Einheitschristologie* bewegt. Diese Nähe führt aber keinesfalls zu der Behauptung, daß sich der ewige Sohn als Träger seiner göttlichen Natur vom Leben zum Tod hin verändert habe und daß er sozusagen für drei Tage aus der Gottheit im Nichts verschwunden sei. Seiner *göttlichen* Natur nach kann der Sohn Gottes selbstverständlich weder von Maria geboren werden – der ewige Sohn ist aus dem Vater geboren vor aller Zeit – noch leiden oder sterben – hier gibt es keinerlei Veränderung. Ja, auch wenn es zunächst verwirrend klingen mag und Balthasar ausdrücklich vor einer übermäßigen Akzentuierung des folgenden Gedankens (bei Augustinus und Thomas von Aquin) warnt (Mysterium Paschale, S. 149 f.), so kann er doch nicht zur Seite geschoben werden:

der mit dem Leichnam im Grab verbundene Sohn Gottes erhält als Träger der göttlichen Natur im gleichen Moment mit dem Vater und dem Heiligen Geist die Welt im Dasein, also auch seine jetzt tote menschliche Natur. In dieser Hinsicht bleibt der ewige Sohn unveränderlich genauso wie Vater und Geist. Ebensowenig besagt, wie bereits angemerkt, die Menschwerdung des Sohnes eine „mythologische Veränderung Gottes" (Theodramatik II/2, S. 209). Gott verwandelt sich eben nicht in einen Menschen so wie im Märchen der Frosch in einen holden Königssohn oder Göttervater Zeus in einen Stier, um Europa zu beeindrucken. Nur hellenistischem Geist entspräche es, gottmenschliche Mischwesen anzunehmen. Das Resultat der Menschwerdung Gottes dagegen bezeichnet keine Veränderung Gottes hin zu einem gottmenschlichen Mischmasch. Vielmehr sind, so definiert das Konzil von Chalcedon, *unvermischt* und *ungetrennt, unverwandelt* und *ungesondert* im Logos göttliche und menschliche Natur zum Heil des Menschen geeint. Es ist wahr: Enthellenisierung und Entmythologisierung lautet das Programm der kirchlichen Konzilsentscheide.

Gemütsschwankungen Gottes?

Wenn die Heilige Schrift davon spricht, daß Gott sein Verhalten den Menschen gegenüber ändern kann, zumal aufgrund menschlicher Interventionen in Form von Gebeten, so wird damit kein veränderlicher Gott an den Himmel gemalt. Gott ist von Ewigkeit her der für den Menschen entschiedene. Wer sich, so Balthasar, der unveränderlich bleibenden Liebe Gottes entgegenstellt, für den wird sie zum Zorn. Der Zorn Gottes meint also keine Gemütsveränderung Gottes; er ist kein „irrationaler Affekt" (Theodramatik IV, S. 316). Der göttliche Zorn ist Gottes Liebe dem Sünder gegenüber, der sich aus dem Tod zum Leben hin befreien lassen soll. In Gebet und Opfer öffnet sich der Mensch der Liebe Gottes, die dann nicht als Zorn erscheinen kann. Gegenüber jeder „aufgeklärten" Vernachlässigung der biblischen Rede vom Zorn Gottes setzt sich Balthasar scharf ab, weil man sich andernfalls auch von der *unveränderlichen* Liebe Gottes verabschieden müßte.

Um die Liebe und Trauer Gottes gehe es auch beim Zorn Jesu gegenüber der Herzenshärte seiner Zeitgenossen, der Pharisäer und Schriftgelehrten (Mt 23,13–33), sowie der Umkehrunwilligkeit Jerusalems (Mt 23,37 ff.) und der galiläischen Städte (Mt 11,20 ff.). „Wenn Jesus über Jerusalem weint, dann sind diese menschlichen Tränen Ausdruck der Trauer Gottes, dessen bisherige Liebe nicht hingereicht hat, das störrische Volk umzustimmen" (Homo Creatus, S. 265).

HANS URS VON BALTHASAR, *Homo Creatus est. Skizzen zur Theologie*, 1986 (Kurztitel = **Homo Creatus**).

Es bleibt festzuhalten: Die besprochenen Gottesattribute rammen gewissermaßen Grenzpflöcke ein, die davor bewahren sollen, Gott zu sehr nach Menschenmaß „zurechtzudenken". Gerade in der Andersheit und unauslotbaren Unähnlichkeit Gottes endlich-menschlichen Verhältnissen gegenüber liegt die Garantie für Gottes auch ganz anderes und einzigartiges, jedes menschliche Maß unendlich hinter sich zurücklassendes Engagement für Welt und Mensch. Der Sinn der „griechischen" Gottesattribute im Kontext der christlichen Gotteslehre liegt also mitunter im Gegenteil ihrer ehemaligen Bedeutung. Balthasar unterwirft zu Recht dort die Metaphysik und Theologie der Kritik, wo das eigentliche Motiv für die Verwendung dieser Attribute nicht mehr zum Durchbruch kam und man tendenziell eine Art *Re-hellenisierung* der christlichen Gotteslehre vornahm und sich in Begriffsspekulationen verrannte (Schleifung, S. 7 f., 16 ff., 23; Mysterium Paschale, S. 154; Herrlichkeit III/1, S. 371–390; Klarstellungen, S. 27 f.).

Der christologische Anweg zur Trinitätstheologie

Ist ein von seiner Kunst geradezu besessener Künstler frei? Für Balthasar gibt es auch auf diese rhetorische Frage nur eine Antwort: Ja. Wer sich einer Aufgabe ganz verschreibt, bzw. von dieser Aufgabe in Form einer Sendung ergriffen wird, der gewinnt sein unverwechselbares persönliches Profil, der wird identifizierbar und so er selbst. Der von der Musik Mozarts ergriffene – oder besser: ergriffen-entrückte – Balthasar bietet diesen Vergleich an, um seinen Ausgangspunkt für die Erschließung der Person Christi verständlich zu machen. Wer Jesus ist, das sage uns allein seine Sendung. Diese Sendung Christi definiere sein Personsein und offenbare den göttlichen Sohn, dessen Hervorgang aus dem Vater vor aller Zeit (Theodramatik II/2, S. 181, 207).

Selbstbewußtsein und Sendungsbewußtsein Jesu

Balthasar macht sich also daran, vom Sendungsbewußtsein Jesu aus Christologie und Trinitätslehre zu entwickeln. Wer sich auch in diesem Zusammenhang vorsagen läßt, Balthasar schummele sich an der historisch-kritischen Forschung moderner Exegese einfach mit Rückgriff auf Kirchenvätertheologie und Mystik vorbei, der ignoriert den bibelwissenschaftlich fundierten Ausgangspunkt seiner dramatischen Christologie (Theodramatik II/2, S. 137–141). Die dramatische Rolle, die Jesus zu spielen hat und die seine personale Sendungsidentität definiert, entnimmt Balthasar der historisch-kritisch gesicherten Erkenntnis, daß Jesus ganz aus dem Verhältnis zu Gott, seinem Vater lebt, sich von diesem gesandt weiß und das *Reich Gottes* verkündet, das er in Wundern zeichenhaft und anfanghaft vergegenwärtigt.

Markus 1,15 faßt die Predigt Jesu prägnant zusammen: „Die Zeit ist erfüllt, das Reich (wörtlich: die Königsherrschaft) Gottes ist nahe. Kehrt um, und glaubt an das Evangelium!" Eine Definition des Reiches bleibt aus; Jesus selbst, seine Worte und Taten, sein Kreuz und seine Auferstehung, die Sammlung des Volkes Gottes zur endzeitlichen Kirche, Geistmitteilung und verheißene Wiederkunft machen das Gottesreich aus.

Bekanntlich überliefert Markus in seinem auf Griechisch verfaßten Evangelium die der Muttersprache Jesu entstammende, aramäische Anrede Gottes als *Abba,* Vater, im Sinn von lieber Vater, *Papa* (Mk 14,36). Markus übersetzt diese Anrede nicht, weil sie ihm offenbar als derart urtypische Seite Jesu gilt, die auf keinen Fall in Vergessenheit geraten sollte. Interessanterweise überliefert ebenso Paulus im Römer- und Galaterbrief dieses aramäische Wort (Röm 8,15; Gal 4,6), um herauszustellen, daß der Christ durch Taufe und Heiligen Geist an diesem exklusiven Sohnesverhältnis Jesu zu Gott, dem Abba, teilhaben kann.

Balthasar greift diese Einsichten auf, um sie im Blick auf Jesu Selbstbewußtsein zu entfalten. Dabei weiß Balthasar freilich, daß man nicht eine Art Psychologie Jesu schreiben kann, nach dem Motto: „Wie fühlt man sich, wenn man nicht nur Mensch, sondern auch noch Gottes Sohn ist?" Gerade diesen naheliegenden Gedanken eines „doppelten" Bewußtseins Jesu lehnt Balthasar entschieden ab, da es nicht von ungefähr an Schizophrenie erinnern würde. Theorien, welche die oberste Seelenspitze des vorösterlichen Jesus bereits in der glückseligen Gottesanschauung verorten, weist Balthasar nicht minder zurück (Theodramatik II/2, S. 160f., 179). Auf das Sendungsbewußtsein habe man sich zu konzentrieren, und von diesem aus die Christologie zu entwerfen.

Wie sieht dieses Bewußtsein aus? Es definiert sich zuerst durch den Sendenden, durch eine Nähe Gottes des Vaters, so daß das Ich dieses besonderen Menschen sich ganz von diesem Gott her versteht und empfängt. In den Evangelien wird von einem „Muß" Jesu berichtet, das ihn bestimmt: ein Gar-nicht-anders-Können, ein Gar-nicht-anders-Wollen. Die „Urintention

Jesu von seiner Identität" sei nach Balthasar „ausgewortet" in der Aussage „Ich bin der, dem dieser Auftrag obliegt". Das heißt: „Ich bin der, durch den das Reich Gottes kommen muß und kommen wird" (Theodramatik II/2, S. 152).
Diese exegetisch abgesicherte Inhaltsbeschreibung des Selbstbewußtseins Jesu weist freilich, wie Balthasar zu Recht hinzufügt, über einen „rein menschlichen Bewußtseinshorizont eindeutig und zwar grundsätzlich" hinaus. Es werde „eine mehr-als-menschliche Sendung" offenkundig, die in nichts geringerem bestehe, als „die Welt als ganze mit Gott zu versöhnen". Das Reich Gottes, das Jesu bringt, ist diese Versöhnung, die nur in Gott und nicht in einer vom Menschen ausgedachten Aufgabe ihren Grund haben kann. Insofern finde Jesus durchaus „in seinem innersten und unteilbaren Selbstbewußtsein ein Moment des Göttlichen" (Theodramatik II/2, S. 152). Aber das bedeutet für Balthasar eben nicht, daß es im Bewußtsein Jesu golden schimmert, sondern daß Jesus sich von Gott gesandt weiß, dieses Reich der Versöhnung zu vergegenwärtigen und zu vermitteln. Im Unterschied zu einem „normalen" menschlichen Bewußtsein sieht Balthasar bei Jesus keine Berufung vorliegen wie bei den Propheten des Alten Bundes oder auch bei Paulus und anderen: Zwar mag diese Berufung bereits vom Mutterleib an erfolgen. Dennoch empfängt der Prophet oder der Apostel die Berufung erst in einem besonderen Geschehen. Sie wird zu seiner zweiten Haut, zu seiner neuen, eigentlichen Identität. Balthasar verweist auf das größer werdende Maß, in dem ein Prophet durch seine Sendung eingefordert wird. Die Entwicklung geht von einer phasenweisen Beauftragung hin zur Lebensaufgabe, so daß das Ich des Propheten zum menschlichen Ort des Ich Gottes werden kann; was der Prophet erleidet, sind faktisch die Schmerzen der Liebe Jahwes zu seinem treulosen Volk. Von Jeremia verlangt Jahwe schließlich eine zölibatäre Lebensform; sie wird für Paulus zum prophetischen Zeichen seiner ihn ganz erfassenden Sendung. Obgleich die heilsgeschichtlichen *Rollen* des Propheten und Apostels mit ihrem menschlichen *Akteur* im Drama des Zusammenspiels göttlicher und menschlicher Frei-

heit zu einer Einheit werden, bleibt es dennoch möglich, den Unterschied zwischen Berufung, Beauftragung und Sendung einerseits und dem bisherigen Leben des Berufenen andererseits hervorzuheben. Die Sendung wird erst im nachhinein zur bestimmenden Größe des Bewußtseins des Berufenen. Bei Jesus ist das anders.

Die Sendung bestimmt sein Bewußtsein von Anfang an. Es erfolgt nicht die Berufung eines schon vorhandenen Ich; die Sendung tritt weder von außen an ihn heran noch reift sie allmählich von innen her; es gibt kein Erleuchtungserlebnis. Ebensowenig sind es religiöse Erziehung und Prägung, noch – im späteren Leben Jesu – der Tod Johannes des Täufers oder die alttestamentlichen Gottesknechtslieder, die Jesus seinen Auftrag erst erkennen lassen, der auch ein die Sünden der Menschen sühnendes Leiden und Sterben einschließt. Balthasar betont zwar die kaum bestreitbare Tatsache, daß das Kind Jesus in die konkrete Gestalt seiner heilsgeschichtlichen Rolle hineinwachsen mußte und dabei gerade Maria und ihrer Erziehung eine ausschlaggebende Bedeutung zukommen. Auf die besondere Bedeutung der Mariologie für die Christologie weist Balthasar in diesem Zusammenhang hin: das mütterliche Du, welches das kindliche Ich zu sich erweckt, mußte „diesem einmaligen Ich des Kindes Jesus auch in einmaliger Weise zugestaltet gewesen sein“ (Theodramatik II/2, S. 161). Aber derartige Vorgänge geschehen alle im Horizont einer bereits von Anfang an, „wenn auch noch so implizit“ vorhandenen Sendung. So sei es natürlich auch nicht Maria gewesen, die aufgrund ihrer besonderen Erwählung und Erfahrung bei der Empfängnis und Geburt ihres Sohnes Jesus seine Sendung „eingeredet“ habe. In intuitiver Form muß Jesus immer im Bewußtsein seiner Sendung gelebt haben; das intuitiv Erfaßte, Prägende und stets Gegenwärtige konnte freilich in der Begegnung mit der Umwelt und Tradition des Judentums eine weitere Entfaltung erfahren. Niemals war er der Ahnungslose, dem ein gewaltsamer Tod widerfuhr, aus dem man später einen Sühnetod konstruiert hat. Alles, was geschieht, begreift Jesus als zu seiner Sendung gehörig.

Sendungsbewußtsein und Präexistenz

In seinem Sendungsbewußtsein bringt Jesus die nicht mehr zu überbietende, vergebende Nähe Gottes in Form der Königsherrschaft Gottes, die allein in Gott selbst ihren Ursprung haben kann; Jesus ist demnach das Kommen dieser Herrschaft Gottes; in ihm und mit ihm kommt somit unmittelbar Gott selbst; folglich ist Jesus in menschlicher Gestalt die Selbstmitteilung Gottes und insofern das Wort Gottes selbst. Aus alledem ergibt sich, daß die personale Mitte Jesu ebenfalls ihren Ursprung in Gott haben muß (Theodramatik II/2, S. 151–159). Der Evangelist Johannes und Paulus sprechen deshalb von der *Präexistenz* des Wortes Gottes, das göttlich ist und in Jesus Mensch wurde. Sie verstehen dieses ewige Wort Gottes zugleich als den Sohn Gottes, da Jesus Gott seinen *Abba* nennt und damit in seinem Sendungsbewußtsein auch ein Sohnesbewußtsein aufscheint. In der Sendung des menschgewordenen Sohnes wird so sein ewiger Hervorgang aus Gott ersichtlich. Mit Thomas von Aquin und weiten Teilen der theologischen Tradition versteht Balthasar die *missio* (Sendung) Jesu als Offenbarung der *processio* (Hervorgang) des Sohnes in der Ewigkeit (Theodramatik II/2, S. 140, 143).

Präexistenz und Jungfrauengeburt

Es sei an dieser Stelle einmal ergänzend darauf hingewiesen, daß auch Markus die Präexistenz des Sohnes kennt: Hieß es beim alttestamentlichen Propheten Maleachi (3,1): „Seht, ich sende meinen Boten; er soll den Weg für mich bahnen", schreibt Markus: „Ich sende meinen Boten vor dir her; er soll den Weg für dich bahnen" (1,2). Während nach Maleachi Gott sich durch einen Boten den Weg bahnen läßt, um zum Gericht zu kommen, ist es nach der abgeänderten Markus-Fassung Gott, der seinen Boten Jesus vorausschickt. Jesus tritt also an die Stelle Gottes. Den Vers bei Markus muß man sich folglich als im Himmel gesprochen vorstellen: Gott spricht zu seinem ewigen Sohn mit Blick auf Johannes den Täufer, der dem öffentlichen Auftreten des menschgewordenen Sohnes vorausgehen wird.

Derartige *Präexistenzaussagen* sind auch nicht eine spätere Zutat, die Jesus in seinem Menschsein vergöttern sollen. Im ca. 55 n. Chr. verfaßten Philipperbrief kann Paulus bereits ein Kirchenlied zitieren, das von der Präexistenz des Sohnes Gottes spricht (2,6–7): „Er war Gott gleich (wörtlich: in der *Daseinsweise/Gestalt* Gottes), hielt aber nicht daran fest, wie Gott zu sein, sondern er entäußerte sich und wurde wie ein Sklave und den Menschen gleich“.

Vgl. Gotteslob Lied Nr. 174.

Die Kirche hat also sehr bald nach der Auferstehung Jesu, die sein Sendungsbewußtsein bestätigte, derartige gesungene Bekenntnisse formuliert, die das Wissen entfalten, das im Sendungsbewußtsein Jesu mitgegeben war: das von seinem Ursprung in Gott selbst. Insofern dieses Wissen um den Ursprung in Gott in der Weise eines menschlichen Bewußtseins gegeben ist, schließt dieses Wissen kein göttliches Allwissen ein. Darum muß Jesus auch nicht wissen, wann dieser Welt ihre letzte Stunde schlägt, wie er selbst bekennt (Mk 13,32): „Doch jenen Tag und jene Stunde kennt niemand, auch nicht die Engel im Himmel, nicht einmal der Sohn, sondern nur der Vater“ (Theodramatik II/2, S. 180).

Balthasar spricht immer wieder davon, daß der sich inkarnierende und entäußernde Sohn gewissermaßen sein göttliches Allwissen bei Gott zurückgelassen und im Gehorsam hinterlegt habe (Theodramatik II/2, S. 176). Zu Jesu Sendungsbewußtsein gehört aber beispielsweise das Wissen um die Möglichkeit, die Versöhnung Gottes in Form einer Absolution direkt zuzusprechen oder ihnen durch Zeichenhandlungen, wie etwa einem gemeinsamen Mahl, diese Versöhnung zu vermitteln. Auf diese Weise konkretisiert sich das durch ihn kommende Reich Gottes.

Balthasar hebt besonders auf den Gehorsam ab, der unmittelbar mit dem Sendungsbewußtsein Jesu verbunden ist, d. h. mit seiner Bezogenheit auf seinen *Abba*-Vater (Theodramatik II/2, S. 167–171). Ihm übergibt er sich ganz; von ihm empfängt er sich ganz. Zwischen ihm und dem Vater vermittelt der Heilige

Geist. Er treibt Jesus an, seine Sendung im Gehorsam zu verwirklichen. Durch ihn macht Jesus das Reich Gottes gegenwärtig: „Wenn ich aber die Dämonen durch den Geist Gottes austreibe, dann ist das Reich Gottes schon zu euch gekommen" (Mt 12,28). Durch den Heiligen Geist ist Jesus also der Repräsentant des Reiches Gottes, die Nähe Gottes in Person. Der Heilige Geist markiert ebenso Jesu Ursprung in Gott. „Der Menschwerdungsvorgang ist ... trinitarisch: der Geist trägt den ‚Samen Gottes' (1 Joh 3,9), des Vaters, den Sohn, in den Schoß der Jungfrau; der Sohn läßt sich im ‚apriorischen' Gehorsam tragen und beginnt damit seine Sendung. Er ist kein ins Dasein ‚Geworfener' wie wir; sein Dasein selbst ist schon Gehorsam" (Theologik III, S. 44).
Besonders Matthäus und Lukas, die Jesu Ursprung in Gott nicht unmittelbar durch den Präexistenzgedanken erhellen, machen denselben Sachverhalt durch den Hinweis auf den Heiligen Geist deutlich (Theologik III, S. 80–87). Sie führen, so Balthasar, unterstützt durch entsprechende Überlieferungen aus dem Umfeld der Familie Jesu aus, daß Jesu Dasein seinen Ursprung einer einzigartigen Initiative Gottes verdankt: daß Jesus Geschöpf des Heiligen Geistes ist. Deshalb übersteigt Jesus das Maß aller menschlichen Möglichkeiten, Gottes Gegenwart zu verkörpern (Theodramatik II/2; S. 160). Jesus existiert unmittelbar durch das Wirken des Heiligen Geistes; man könnte auch sagen, er empfängt sich ganz vom Geist Gottes her; durch den Geist Gottes ist er, wer er ist: Das Kommen des Reiches Gottes (Theologik III, S. 43 f.).
Hätte Jesus einen leiblichen Vater, so würde er bereits als Mensch existieren und den Heiligen Geist erst nachträglich empfangen wie ein Prophet. Jesus könnte dann aber nicht mehr die unmittelbare Nähe Gottes in Person sein. Die Art und Weise, wie er die Nähe Gottes darstellen und vermitteln könnte, würde sich *qualitativ* nicht von den Propheten des Alten Bundes unterscheiden. Nach Jesus könnten prinzipiell andere Menschen auftreten, die ebenso wieder Gottes Nähe für eine bestimmte Zeit ansagen. In diesem Sinn versteht der Koran Jesus: er sei der prophetische Hinweis auf den Letzten der Propheten Gottes,

auf Mohammed. Wer demgegenüber das christliche Bekenntnis teilen will, kommt nicht umhin, mit Matthäus und Lukas davon auszugehen, daß Jesus nicht nur ein weiterer Prophet ist, sondern der Gott-mit-uns in unüberbietbarer Weise.
Diese knappen Hinweise sollten deutlich genug machen, daß es bei der immer wieder mit Heftigkeit diskutierten Frage nach der *Jungfrauengeburt* um ein christologisches Grundproblem geht. Wäre Jesus nicht Geschöpf des Geistes, wäre er von anderen Propheten allenfalls *graduell-quantitativ,* nicht aber *wesentlich-qualitativ* zu unterscheiden. Faktisch könnte man sich dann auch dem islamischen Glauben zuwenden, der Jesus als Propheten anerkennt. Im Koran wird ebenso die jungfräuliche Lebensentstehung Jesu geschildert, ohne daß daraus allerdings die entscheidenden christologischen Konsequenzen gezogen würden. Man sieht darin einfach ein Wunder, einen Beweis der Allmacht Allahs. Das Neue Testament erzählt dieses Wunder aber in einer besonderen Absicht: Es geht um den metaphysischen Ursprung von Jesu Sendungsbewußtsein, das der Koran natürlich nicht teilt bzw. umdeutet.

Trinitarische Inversion

Das Konzil von Konstantinopel (381) definierte, daß der Heilige Geist *aus dem Vater* hervorgeht. Um auszudrücken, daß der Sohn dem Vater im Gottsein in nichts nachsteht, fügte man dem Glaubensbekenntnis, zunächst in Spanien (6. Jh.), später in der ganzen westlich-lateinischen Kirche, das sog.

Um das Verhältnis zwischen dem menschgewordenen Sohn und dem Heiligen Geist näher zu beschreiben, spricht Balthasar von einer „trinitarischen Inversion" (Theodramatik II/2, S. 167–185 u. ö.). Er meint damit die Umkehr des Verhältnisses, in dem der Sohn Gottes *in Gott* zum Heiligen Geist steht. Das Glaubensbekenntnis sagt in seiner lateinischen Fassung, daß der Heilige Geist aus Vater und Sohn *hervorgeht.*
Danach steht der Sohn dem Geist *aktiv* gegenüber, während er als der menschgewordene Sohn durch den Geist lebt, sich von ihm her aus Maria empfängt, durch ihn mit dem Vater verbunden ist und darin seine Sendung vollbringt. *Passiv,* rezeptiv steht Jesus folg-

lich dem Geist gegenüber, und der Geist verhält sich aktiv zum inkarnierten Sohn. Diese *Inversion* ende mit Kreuz und Auferstehung Jesu: Am Kreuz haucht Jesus den Geist aus; er gibt ihn dem Vater zurück. Damit Auferstehung geschieht, muß der Geist erneut geschenkt werden – wie bei der Lebensentstehung Jesu. Die von Balthasar angesprochene Aktivität des Geistes dem inkarnierten Sohn gegenüber ist daher an der Auferstehung nochmals abzulesen: Paulus schreibt im Römerbrief, daß der Vater Jesus kraft des Geistes, der Leben schafft, aus dem Tod erweckt (Röm 8,11). Der nunmehr auferstandene und verherrlichte Sohn haucht den Geist als den Geist seiner Sendung der Kirche ein (Joh 20,22 f.). An Pfingsten senden dann Vater und Sohn den Geist als Kraft aus der Höhe für das Glaubenszeugnis und für das Leben der Kirche (Apg 2). Im Heiligen Geist ist der menschgewordene und verherrlichte Sohn in seiner Kirche gegenwärtig bis zur Vollendung der Welt (Mt 28,20; vgl. Theodramatik II/2, S. 478).

Filioque (*und dem Sohn*) hinzu (11. Jh.). Mit den orthodoxen Kirchen des Ostens kam es deshalb zum *Filioque-Streit* (ab dem 8. Jh.), der zumindest im Prinzip beigelegt werden konnte. Vgl. dazu Theologik III, S. 189–200.

Technisches: Person und Natur

Seine von den Ergebnissen der modernen Exegese ausgehenden Überlegungen führt Balthasar in systematisch-dogmatischer Perspektive weiter. Hervorzuheben ist zuerst seine Diskussion des Personbegriffs.

Balthasar Grundgedanke, daß aus der konkreten Begegnung mit Christus allein erst all das verständlich wird, wer und was der Mensch ist und was auch philosophische Reflexion zu leisten imstande ist, führt ihn ebenso dazu, sich ganz vom Neuen Testament aus die technischen Begriffe erläutern zu lassen, die bei der Entwicklung des christologischen Dogmas von Bedeutung waren (Theodramatik II/2, S. 191–202). Dazu gehört insbesondere der *Person-Begriff,* der ebenso für die Trinitätslehre maßgeblich wird.

Ursprünglich bedeutete *Person* soviel wie *Maske;* die *Rolle* eines Schauspielers wurde auf diese Weise definiert. *Person*

konnte ebenfalls die verschiedenen Rollen und Akteure in einem Gerichtsverfahren kennzeichnen (Richter, Angeklagter usw.). Der Begriff mußte deshalb ganz neu definiert werden, um überhaupt zur Kennzeichnung der Person Christi oder auch der göttlichen Personen der Dreifaltigkeit geeignet zu sein. In diesen neuen theologischen Zusammenhängen bezeichnet Person – vereinfacht gesagt – den Träger einer Natur oder eines menschlichen bzw. göttlichen Wesens. Die menschliche Person ist der Träger einer menschlichen Natur, zu der eine Seele gehört, die sich aus Materie einen Leib gestaltet. Im Falle Jesu sagt man, daß der Logos oder der Sohn Träger und Existenzprinzip der angenommenen menschlichen Natur ist und diese Natur konkretisiert und bestimmt. In der Person des Sohnes ist diese menschliche Natur (Seele und Leib) wirklich, real. Zugleich trägt der Sohn mit dem Vater und dem Heiligen Geist die eine, unteilbare göttliche Natur oder das gemeinsame göttliche Wesen (Gottsein). Das göttliche Wesen ist real in Vater, Sohn und Heiligem Geist, nicht unabhängig davon, wie auch eine menschliche Natur nicht für sich abstrakt existiert.
Diese Sprachregelung der Antike stößt in der Moderne auf einige Mißverständnisse. Unter Person versteht man heute oft das, was einen Menschen zum Menschen macht: seine Würde, seine Freiheit, sein Selbstbewußtsein. Wenn man daher nun sagt, Christus sei *keine menschliche Person* gewesen, sondern bei ihm sei es der göttliche Logos, der eine *menschliche Natur* trägt und in sich zur Realität bringt, so entsteht der Eindruck, man spreche Jesus den entscheidenden Aspekt des Menschseins ab. In der Antike galt aber gerade die Natur des Menschen als das, was alle menschlichen Eigenschaften in sich vereint, also Selbstbewußtsein und Freiheit als Vermögen der Seele. Person meinte hingegen die unvertretbare, einmalige Existenz dieser Natur, das Prinzip, wodurch diese Natur konkret existiert. Insofern Jesus als Mensch mit Seele und Leib konkret existiert, fehlt ihm auch nichts an seinem Menschsein. Nur ist das, wodurch er konkret existiert und in der Geschichte da ist, der Sohn Gottes selbst. Deshalb ist sein Dasein als Mensch eben die geschichtlich-menschliche Daseinsweise des Sohnes

Gottes. Wir hingegen existieren nicht unmittelbar dadurch, daß der Sohn unsere menschliche Natur ins Dasein setzt (sie also im Akt der Annahme zugleich erschafft); wir existieren durch einen Schöpfungsakt des dreifaltigen Gottes, der nicht einfach identisch ist mit Gott selbst. Weil wir nicht direkt und unmittelbar durch eine der göttlichen Personen existieren, d. h. keine göttliche Person unmittelbar unser Existenzprinzip ist, sind wir auch keine Inkarnation Gottes. Wir existieren durch einen Schöpfungsakt, der eine konkrete Existenz setzt, die damit etwas Geschaffenes darstellt, nämlich eine menschliche Person. Zwar ist auch das konkrete Dasein der menschlichen Natur Jesu etwas Zeitliches und Räumliches, also etwas Geschaffenes. Aber das, wodurch die menschliche Natur Jesu ins Dasein tritt, ist der Sohn Gottes selbst und kein von Gott zu unterscheidender Schöpfungsakt. Insofern ist das konkrete Dasein und zeitliche Existieren der menschlichen Natur Jesu das konkrete Dasein des Sohnes Gottes unter den Bedingungen von Raum und Zeit. Wenn man nun auch von einer *menschlichen Person* Jesu sprechen würde, dann würde man den Sohn Gottes nicht mehr unmittelbar als das Prinzip betrachten können, durch das Jesus existiert; dieser Sohn Gottes könnte nur noch zusätzlich zu dem bereits existierenden Jesus hinzutreten, wie dies manche Christen in der Antike annahmen: Erst bei der Taufe Jesu sei der göttliche Logos oder Sohn auf Jesus kraft des Heiligen Geistes herabgekommen. Als Weihnachtsevangelium las man damals die Taufe Jesu! Diese Vorstellung wurde zurückgewiesen, weil damit eine Menschwerdung Gottes undenkbar wurde. Jesus wäre qualitativ nicht mehr als König David, der ebenso den Titel Sohn Gottes trägt. Aus diesem Grund kann es also *keine menschliche Person* in Christus geben, was jedoch nicht dazu führt, daß am Menschsein Jesu etwas abgeschnitten oder verkürzt würde: Es existiert in konkreter und personaler Weise das ganze Menschsein Jesu unmittelbar durch die Person des Logos.

Geistsubjekt und Person

Es ist vielleicht nicht leichtgefallen, den skizzierten Gedanken zur Person und Natur Christi bis hierher zu folgen. In seinen Büchern diskutiert Balthasar diese verschiedenen Schwierigkeiten immer wieder und macht einen interessanten Vorschlag (Theodramatik II/2, S. 136–424; Homo Creatus, S. 93–164): Was ist *Person*? Balthasar definiert jeden Menschen zunächst als *Geistsubjekt* (Theodramatik II/2, S. 186–191). Als Geistsubjekt wisse der Mensch, daß er existiere, aber er wisse noch nicht, wer er sei und wozu er lebe. Diese nähere Bestimmung, wodurch der Mensch erst zur Person werde, könne allein Gott treffen. Mit anderen Worten: Person ist definiert durch eine Berufung und Sendung, die Gott einem Menschen in der Heilsgeschichte zugedacht hat. „Person ist der ‚neue Name', den Gott mit zuspricht". Die alte Bedeutung des Wortes Person, *Rolle*, gewinnt demnach seine Bedeutung zurück, allerdings in einer neuen, heilsgeschichtlichen, theodramatischen Dimension. Die *Handlung* Gottes schafft das *Welttheater*, in dem jeder seine Rolle zu spielen hat; es ist das „Spiel der Personen" im Mit- und Gegeneinander ihrer Freiheiten. Person schließt daher das Übernatürliche, die Gnade mit ein (Theodramatik II/2, S. 191).
In christologischer Anwendung bedeutet dies: Jesus ist „eine dramatische Person" in archetypischer Urform, d. h. in der vollkommenen „Identität von Person und Sendung" (Theodramatik II/2, S. 184). Er ist der einmalige Fall, in dem die Sendung gleichseitig alles sagt, was, wer und wozu er da ist. Mit der Inkarnation werde Jesus definiert durch Gott: „Du bist mein geliebter Sohn" (Theodramatik II/2, S. 190). Um dieses Sohnsein weiß Jesus im menschlichen Bewußtsein seiner Sendung, da diese ihren unmittelbaren Ursprung in Gott hat, d. h. im ewigen Hervorgang des Sohnes aus dem Vater. Deshalb ist Jesus als Mensch die zeitlich-geschichtliche Präsenz der Person des ewigen Sohnes. „Die Sendung, deren Jesus sich bewußt ist, ist die Sendung des einzigen Sohnes. Dieser weiß, daß er als Mensch frei das tut, was er

als der Logos tun will; oder, was dasselbe ist: der Mensch Jesus weiß, daß was er in Freiheit tut, das Tun des Sohnes Gottes ist. Er führt nicht aus, was ein Anderer beschlossen hat." Jesus handelt als der Logos, der auch in Gott dem Vater gehorsam ist. Der Gehorsam Jesu ist Balthasar zufolge die Offenbarung des ewigen Gehorsams des Sohnes. „Keinesfalls gehorcht Jesus als Mensch sich selber als Gott, er gehorcht auch nicht der Trinität, sondern als Sohn im Heiligen Geist dem Vater." Die Identifizierung Jesu mit seinem göttlichen Auftrag ist das Spiegelbild der „Identifizierung des Logos mit dem Bewußtsein eines menschlichen Geistsubjekts" (Theodramatik II/2, S. 208), das dadurch Person ist, was seine heilsgeschichtliche Rolle unmittelbar miteinschließt. Jesus ist als Geistsubjekt *personiert* durch den gesandten Logos. Deshalb fehlt ihm auch nichts, wenn man sagt, er sei keine *menschliche* Person; menschliche Person gibt es nach Balthasar ebenfalls *nur* in Form einer heilsgeschichtlichen Sendung, die Jesus ebensowenig *fehlt:* Er hat sie unmittelbar durch den Logos. Im Blick auf jeden Menschen könnte man im Sinne Balthasars sagen: Person ist die konkrete Existenz eines vom Heiligen Geist begnadeten und gesandten Geistsubjekts. Dieses Geistsubjekt existiert im Falle Jesu niemals *vor* der Identifikation des Logos mit diesem Geistsubjekt – so wie auch die klassische Dogmatik sagt, daß die menschliche Natur des Sohnes nicht vor der Menschwerdung bereits real ist. Das Geistsubjekt (wie die menschliche Natur) Jesu wird unmittelbar durch diese Identifikation des Logos mit ihm aus Maria in der Kraft des Heiligen Geistes von Gott dem Vater geschaffen. Bei jedem anderen Menschen tritt die personalisierende Sendung zu dem bereits existierende Geistsubjekt hinzu. Auf diese Weise haben wir Anteil an der Sendung Jesu. Unser Personsein ist folglich immer durch die Person Christi bestimmt, durch den Ruf in seine Nachfolge und unsere geistgetragene Antwort darauf.

Person als Gnade?

Balthasars neuartige Verwendung der Begriffe *Geistsubjekt* und *Person* hat einige Diskussionen ausgelöst. Neu ist vor allem der Versuch, die Gnade selbst bzw. das Wirken des Heiligen Geistes in das Verständnis der menschlichen Person einzubinden. Dadurch baut Balthasar eine Brücke zum Verständnis der gänzlich übernatürlichen, der göttlichen Person des Sohnes Gottes, durch die das natürliche Geistsubjekt Jesu zur konkreten Existenz des menschgewordenen Sohnes bestimmt ist.
Das soll freilich nicht bedeuten, daß die Gnade zum notwendigen Bestandteil des Menschen wird – eine Schlußfolgerung, die zunächst naheliegen mag. Balthasar weist die Folgerung zurück, „daß es Person nur dort gibt, wo eine (göttliche) Sendung von einem endlichen Geistsubjekt ergriffen wird" (Theodramatik II/2, S. 467). Er will jedoch ernst machen mit der gnadentheologischen Einsicht seines Freundes Henri de Lubac, daß der Mensch auf die freie, uneinforderbare Gnade Christi hingeordnet ist. Auch Balthasars Ansatz, daß Mensch und Menschheit durch das Zusammenspiel von göttlicher und menschlicher Freiheit definiert sind, ist hier mitzubedenken. Dieses Zusammenspiel schließt das freie Handeln Gottes auf den Menschen hin ein, was der Möglichkeit nach auch philosophisch bedacht werden kann; von der Tatsächlichkeit des Handelns Gottes geht die Theologie aus. Wenn der Mensch allein im Bezug auf Gott Mensch ist, dann ist der real existierende Mensch immer durch die konkrete Gestalt dieses Bezugs definiert. Der Mensch empfängt sich aus dem zuvorkommenden Handeln Gottes in Schöpfung und Gnade und legt sein eigenes Leben als Antwort auf dieses Handeln Gottes im Verbund mit allen Menschen aus. Denkt man wie Balthasar vom konkret existierenden, unter dem Handeln Gottes stehenden Menschen aus dessen Personsein, so gehört zur konkreten Realität der menschlichen Person auch immer innerlich Gottes erwählendes, berufendes und sendendes Handeln hinzu. Es stellt sich freilich die Frage, was von der Person bleibt, wenn man auf einer abstrakten Ebene bedenkt,

was der Mensch von Natur aus sei, also ohne bereits die Realität des Gnadenhandeln Gottes vorauszusetzen. Für Balthasar ist der Mensch wesenhaft eine hörende und gehorsame Offenheit für Gott, den Schöpfer. In dieser Perspektive ist das Personsein des Menschen ansatzweise durch dessen Berufung zum Geschöpfsein gegeben, das in dieser Offenheit für Gottes möglicherweise weitergehendes Handeln über die Tat der Schöpfung hinaus besteht. Da das Geschöpfsein des Menschen schon ein Handeln Gottes einschließt, ist aufgrund der Erkenntnis dieses Handelns auch schon mehr gegeben als ein bloßes Geistsubjekt, das noch nicht weiß, wer es ist. Der Mensch weiß zumindest, daß er von einer absoluten Freiheit geschaffen ist und von ihr auch noch weiteres Handeln erwarten kann. In dieser Perspektive ist klar, daß das Personsein des Menschen nicht ausschließlich schon übernatürliche Gnade bedeutet, sondern zunächst die Hörerschaft für ein mögliches Wort Gottes darstellt. Vor der unendlichen Freiheit des Absoluten stehend, weiß der Mensch bereits etwas von dem, was und wer er anfanghaft ist, sowenig er wissen kann, wozu er gegebenenfalls berufen werden könnte.

Vom Sendungsbewußtsein Jesu zur Dreifaltigkeit

Die Lehre von der Trinität setzt die Überlegungen zur personalen Identität Jesu voraus. Sie entspringt nicht dem fatalen Gedanken, Gott trotz seiner Offenbarung dadurch erneut zu einem undurchdringlichen Geheimnis zu machen, daß man ihn begrifflich möglichst kompliziert macht. Die Trinitätslehre entfaltet lediglich das, was in der Offenbarung erkennbar wird; sie handelt über Gottes „Innenleben" – über die *immanente* Trinität, wie man sagt –, weil er in der Offenbarung gezeigt hat, wie er auch für sich und in sich selbst ist: Die immanente Trinität zeigt sich in der heilsgeschichtlichen *(ökonomischen)* Trinität.
Es wurde bereits erläutert, daß Jesus nur unter der Voraussetzung das Kommen des Reiches Gottes selbst sein kann, daß

er das in die Welt kommende Wort des göttlichen Vaters ist. Dieses Wort muß Gott ebenbürtig, also göttlich sein, sonst würde nicht *Gott* in diesem Wort kommen, sonst wäre mit dem Reich Gottes nicht wirklich Gottes Herrschaft gemeint. „Wäre der Sohn nicht Gott, so hätte der Vater in Christus sich nicht selbst in seiner ganzen Wahrheit aussprechen und hingeben können, sondern nur in Rätseln, und wie wäre dann ‚Gott die Liebe' (1 Joh 4,16)?" (Theodramatik II/2, S. 476). Ist die Person des sendenden Vaters Gott und ist Gott in der Person des gesandten Sohnes gegenwärtig, so muß es im einen unteilbaren Gott einen personalen Unterschied zwischen Vater und Sohn geben. Ebensowenig könnte ein nur von Gott im nachhinein beauftragter Prophet die Versöhnung Gottes mit der ganzen Welt vermitteln. Wenn Jesus der Mittler der Versöhnung sein soll, so muß Gott in ihm auch ganz gegenwärtig sein. Schon die Pharisäer wissen: Sündenvergeben – das kann nur Gott (Mk 2,7). Das Heil der Welt ist eine eminent göttliche Aufgabe; folglich ist der letzte Identitätspunkt in Jesus der göttliche Sohn (Theodramatik II/2, S. 467). Die Göttlichkeit seiner Aufgabe und Sendung erweisen also die Göttlichkeit der Person Christi.

Der Heilige Geist als göttliche Person

Die Göttlichkeit des Geistes ergibt sich unmittelbar aus seiner Aufgabe an der göttlichen Aufgabe Christi. Er ermöglicht, wie gesehen, daß Jesus in machtvollen Wunderzeichen das Kommen des Reiches Gottes ist; er vermittelt die göttliche Sendung. Göttliches zu vermitteln vermag wieder nur Gott selbst.
Balthasar erläutert Bedeutung und Wesen des Heiligen Geistes auch in Anknüpfung an ein menschliches Geistsubjekt, das durch seine Sendung *personiert* wird: Sowenig wie sich ein Mensch seine Sendung erzwingen kann, da sie Gabe Gottes ist, sowenig kann er auch die Offenheit für diese Sendung und deren Annahme aus eigener Kraft erwirken (Theodramatik II/2, S. 464). Selbst die Annahme des göttlichen Willens muß

nochmals erbeten und als Geschenk von Gott empfangen werden. Die Einheit von Gottes Sendung und menschlicher Annahme ist göttliche Tat. Gott garantiert damit, daß er auch im Menschen so ankommt, wie er dort ankommen will. Gott steht also auch auf der Seite des annehmenden Subjekts. Es ist Gott als der Heilige Geist, der dieses Ankommenkönnen Gottes im Menschen garantiert. Die subjektive Annahme der objektiven Sendung Christi in seinem menschlichen Willen und Selbstbewußtsein geschieht darum kraft des Heiligen Geistes, der nur aufgrund seiner Göttlichkeit dazu imstande ist. So muß vom Menschen auch die Offenbarung Gottes in Christus angenommen werden im Heiligen Geist. Offenbarung geschieht also immer „zwei-seitig“: auf der objektiven Seite tritt Gott in Christus dem Menschen gegenüber; auf der Seite des menschlichen Subjekts ist es Gott der Heilige Geist, der die authentische Annahme der Offenbarung verbürgt, die mit dieser Annahme auch eigentlich erst stattgefunden hat. Wir werden vom Geist „so durchatmet, daß das letzte Subjekt – auf dem Grund unseres Subjekts – er ist“ (Spiritus Creator, S. 104).
Das Gebet Jesu, sein Ringen um die Erfüllung des göttlichen Willens, der sich in der jeweiligen Lebenssituation auch neu zeigt, belegen für Balthasar Jesu Bemühen um die gehorsame Offenheit für den Willen des Vaters und um dessen Verständnis, was nur im Heiligen Geist gelingen kann (Theodramatik II/2, S. 468). Im Heiligen Geist offenbart Jesus, der Sohn, den Vater, und offenbart der Vater den Sohn (Mt 11,27; vgl. Theodramatik II/2, S. 464).
Insofern immer alles im Heiligen Geist, in seinem Licht und in seiner Kraft geschieht, wird er freilich auch leicht übersehen, wie das Licht der Sonne, mit dem Balthasar den Geist vergleicht, in dem man sieht, das man aber selbst nicht sieht, es sei denn in der Reflexion. So sieht man auch den Heiligen Geist nicht zuerst selbst: er läßt Christus sehen und verstehen; er ist keine eigene Offenbarung neben oder zusätzlich zur Offenbarung in Christus. Ebensowenig kommt ihm eine völlig eigenständige Sendung *in Abgrenzung* von derjenigen Christi zu. Balthasar nennt den derart selbstlosen, anonymen Geist

den „Unbekannten jenseits des Wortes" (Spiritus Creator, S. 95). In seiner Selbstlosigkeit offenbart sich der Geist als Geist der Liebe: Er verbindet Vater und Sohn, ist ihr gemeinsames *Wir*, und wird in die Herzen der Menschen ausgegossen, wodurch sie zum Wir der Kirche und der einen Menschheit werden (Röm 5,5). Er ist ebenso der Geist der Wahrheit (Joh 14,17), weil er in seinem unsichtbaren Licht die Wahrheit Gottes beleuchtet, die im menschgewordenen Sohn unverborgen offenbar ist (Joh 14,6; 1 Joh 4,2.6 f.).
Aber es wäre eben auch falsch zu meinen, wegen dieses unsichtbaren Lichtcharakters des Geistes genüge es, ihn in seiner Göttlichkeit zu bekennen, aber nicht zugleich als Person in Gott mit Vater und Sohn anzubeten und zu verherrlichen (Spiritus Creator, S. 113 ff.; Theologik III, S. 42 ff., 156–230). Balthasar kann sich auf das Neue Testament berufen, dem nach der Heilige Geist auch handelt und demzufolge über ein eigenständiges Aktionszentrum verfügt: Der Geist schwebt über Jesus, läßt sich bei der Taufe im Jordan auf ihn herab; voll des Geistes und vom Geist getrieben, begibt sich Jesus in die Wüste. In der Kraft des Geistes beginnt Jesus seine Predigt, unbegrenzt wird der Geist Jesus gegeben, um unbegrenzt den Vater zu offenbaren, im Unterschied zu Propheten und Königen, die mit einer begrenzten „Portion" des Geistes ausgestattet wurden. Der Geist handelt also gegenüber Jesus; er ist ein Anderer. Durch das Wirken des Heiligen Geistes empfängt Maria Jesus, so daß er von Anfang an der „Christus" ist, d. h. der vom Geist Gesalbte. „So ist dieser Geist in und über ihm die offenkundige Gegenwart seiner göttlichen Sendung" (Theodramatik II/2, S. 477). Als der Andere, der dem Sohn die Sendung vermittelt, wird der Geist gesandt. Diese die Person des Geistes bestimmende Sendung hat ihren Ursprung in Gott und folglich in einem ewigen Hervorgang. Die Sendung des Geistes dient der Sendung des Sohnes. In den Abschiedsreden nach Johannes kommt dies besonders zum Ausdruck. Jesus verheißt den Geist als den anderen Beistand, der die Jünger an seine Wahrheit erinnern soll, in sie weiter einführt und die Kraft geben wird, seine Sendung in der kirchlichen Verkündigung und in den Sakra-

menten wirksam zu vergegenwärtigen (Joh 14,16f.; 15,26; 16,7–14; vgl. Theologik III, S. 31ff., 38f., 65–75, 268–380). Kurzum, nach dem Zeugnis des Neuen Testaments sind im einen Gott Vater, Sohn und Heiliger Geist zu unterscheiden. Die Sendung des Sohnes offenbart dessen Hervorgang aus dem Vater vor aller Zeit; die der Sendung des menschgewordenen Sohnes dienende Sendung des Heiligen Geistes offenbart dessen Hervorgang aus dem Vater und – nachösterlich – aus dem Sohn *(Filioque)*. Der Geist ist das *Wir* von Vater *(Ich)* und Sohn *(Du)*. Insofern die göttlichen Personen ganz in ihrer Bezogenheit aufeinander aufgehen und bestehen *(subsistieren)*, sind sie der eine Gott; sie sind der eine Gott, weil sie das eine göttliche Wesen als Personen tragen, personalisieren und so dessen Wirklichkeit sind.

Welt und Erlösung aus der Trinität

Balthasars Theologie erreicht zweifellos einen spekulativen Höhepunkt im Versuch, Welterschaffung, Sünde, Erlösung und endgültige Vollendung der Welt aus einer trinitarischen Perspektive zu begreifen.

Ur-Kenose, Schöpfung und Sünde

Vom Kreuz, dem Höhepunkt der Offenbarung göttlicher Liebe, beabsichtigt Balthasar, sich in das Innenleben Gottes „zurückzutasten“, um von dort aus Gottes Handlung in den Blick zu nehmen (Theodramatik III, S. 301). Das entscheidende Stichwort bei diesem Tastversuch gibt der von Paulus in seinem Brief an die Philipper zitierte Hymnus: Der in Gestalt Gottes Seiende hat sich entäußert (griechisch: *e-kénosen*) und die Gestalt des Knechtes angenommen. So wurde der Gottgleiche den Menschen gleich (Phil 2,6f.). Was Gott in seiner Entäußerung (zur *Kenosis* oder *Kenose* siehe schon S. 98) offenbarte, ist er selbst: sich entäußernde, entleerende und hingebende Liebe (Mysterium Paschale, S. 143–147). Gott ist also auch für sich selbst kenotische Liebe, Entäußerung. Balthasar verwendet den Begriff *Urkenose,* um den selbstlosen Akt des Vaters zu bezeichnen, in dem er den Sohn hervorbringt. Selbstlos, kenotisch ist die Bereitschaft des Sohnes, sich im Gehorsam vom Vater zeugen und in die Welt senden zu lassen. Der Heilige Geist als die Liebe in Person besiegelt dieses kenotische Liebesein Gottes.

Immer wieder setzt Balthasar das Wort „Urkenose“ in Anführungszeichen. In einem Brief an Thomas Krenski (Passio Caritatis, S. 140f.) weist er eigens darauf hin, wenngleich er nicht immer konsequent die „Gänsefüßchen“ setzt. Sie sollen jedenfalls auf den Sachverhalt aufmerksam machen, daß die blutige und leidvolle Kenose des menschgewordenen Sohnes am Kreuz noch einmal vom Liebe-Sein Gottes in sich zu unterscheiden ist. „Gottes Entäußerung (in der Menschwerdung) hat ihre ontische Möglichkeit in Gottes ewiger Entäußertheit, seiner dreipersönlichen Hingabe". Aber das heißt nicht, „daß Gottes Wesen in sich (univok) ‚kenotisch' sei, daß also das göttliche Fundament der Möglichkeit der Kenose mit dieser selbst unter einen umfassenden Begriff zusammengefaßt werden könnte" (Mysterium Paschale, S. 147f.). Diesen Hinweis Balthasars kann man sich in etwa so verständlich machen: Zwar geht es bei der offenbargewordenen Liebe Gottes am Kreuz um dieselbe Liebe, die Gott für sich ist; Gott zeigt sich am Kreuz, wie er ist. Aber das mit dieser Liebe verbundene Leiden am Kreuz hängt unmittelbar mit der Sünde zusammen. Weil die Menschen sich nicht der selbstlosen Liebe Gottes öffnen, vielmehr gegen sie anrennen und sie aus der Welt schaffen wollen, kreuzigen sie Jesus. Die blutige Entäußerungsgestalt der Liebe Gottes am Kreuz hat also wesentlich mit dem Krieg der Sünde gegen die Liebe Gottes zu tun. Diese durch die Sünde mitbedingte Gestalt der Liebe muß freilich von der Gestalt der Liebe „abgezogen" werden, die Gott für sich selbst ist. So leidet der Vater selbstverständlich nicht, wenn er den Sohn zeugt; er vollzieht nur, wie Sohn und Geist, in ewiger Seligkeit das göttliche Leben, und zwar in radikaler Selbstlosigkeit und Hingabe, in einer Form von seliger Selbstentäußerung. Entscheidend ist für Balthasar dabei die oben erläuterte Einsicht, daß Gott sich nicht zu verändern braucht, um seine Liebe auch noch in den Abgrund tödlichen Hasses scheinen zu lassen (Mysterium Paschale, S. 148). Weil Gott ewige Liebe und Entäußerung ist, hat er keine Veränderung nötig; er bleibt mit sich selbst identisch, um auch unter den Bedingungen der Lieblosigkeit der Sünde die Liebe sein zu können.

Balthasar prägt auch das Wort von der *Schöpfungs-* und *Bundeskenose:* Schöpfung und Bund bezeugen die selbstlose, sich entäußernde Liebe Gottes. Aber: die Schöpfung bedeutet für Gott kein Leiden seiner Liebe; Schöpfung ist nicht Sündenfall. Allerdings spricht Balthasar von einer Einschränkung und Bindung seiner Freiheit durch die Erschaffung menschlicher Freiheit und den Bundesschluß (Theodramatik III, S. 305). Trotzdem ist die Erschaffung des Menschen kein leidvoller, kenotischer Verzicht Gottes auf seine uneingeschränkte Machtfülle. Vielmehr zeigt er seine Größe, Macht und Freiheit in der Freigabe anderer Freiheit an sich selbst. Gott muß sich auch nicht selbstlos *zurückziehen*, damit endliche Freiheit sei, sondern er muß sich selbstlos dafür einsetzen, daß sie sei – wie sich auch der Vater selbstlos einsetzt, damit der Sohn von Ewigkeit her sei.

Die jüdische, mystisch-philosophische Sonderlehre der *Kabbala* hatte sogar von einem *Sichzusammenziehen* Gottes zugunsten der endlichen Freiheit gesprochen.

Weiterhin: Die Zeugung des Sohnes versteht Balthasar als „Setzung eines absoluten, unendlichen Abstands, innerhalb dessen alle möglichen anderen Abstände, wie sie innerhalb der endlichen Welt bis einschließlich zur Sünde hin auftreten können, eingeschlossen und umfangen sind“ (Theodramatik III, S. 301). Das *Nicht*-Vater-Sein des Sohnes, die Tatsache einer göttlichen, also absoluten Differenz, jedoch in der absoluten Einheit des göttlichen Wesens wie des Heiligen Geistes, ist nach Balthasar der Letztgrund für die Möglichkeit all dessen, was *nicht* Gott ist: für die Schöpfung wie für die Sünde. Freilich bedeutet das nicht, daß die Sünde erst zeigt, wie groß der Unterschied zwischen Gott (Vater) und Gott (Sohn) ist. Gott braucht die Sünde nicht, um seine Größe zu demonstrieren. Nur faktisch, nachdem es einmal die Sünde gibt, erweist sich die Liebe Gottes am meisten darin, daß sie die Sünde überwindet. Deshalb wird das Kreuz zum Symbol der Liebe, über die hinaus eine größere undenkbar ist.

In bestimmter Hinsicht macht die Sünde den Unterschied zwischen Gott und Schöpfung sogar kleiner, da sie das Menschsein des Menschen schmälert und ihn deshalb weniger einen anderen Gott gegenüber sein läßt; die Sünde nähert den Menschen dem Nichts an. Das reine Nichts aber unterscheidet sich nicht von Gott (freilich ist das Nichts nicht Gott), weil es das Nichts im Unterschied zu Gott gar nicht gibt. Nur etwas, das existiert und Gott geschaffen hat, kann sich von ihm und anderem unterscheiden. Gott setzt diesen Unterschied aber nicht, um sich das Geschaffene auf Distanz zu halten, sondern damit ihm etwas ähnlich sei; ihm ähnlich sein kann nur etwas, was existiert. Der Unterschied, die Differenz und Unähnlichkeit zwischen Gott und Welt dient also letztlich der Ähnlichkeit und Einheit des Geschaffenen mit Gott. So dient auch die Differenz zwischen Vater und Sohn der Einheit beider in der Liebe, die der Heilige Geist in Person ist. Die Differenz zwischen Gott und Welt ist ermöglicht, wie Balthasar sagt, durch den Unterschied zwischen Vater und Sohn; der Sohn ist das Urbild aller Andersheit: im Blick auf ihn und durch ihn ist alles geschaffen (Joh 1,3 f.). Dieser Unterschied dient der Einheit von Gott und Mensch; er ermöglicht Gottes Liebe zum Menschen und die Liebe des Menschen zu Gott in der Kraft des Heiligen Geistes (Röm 5,5). Grundsätzlich hält Balthasar mit Bonaventura fest: alle (positive) Ungleichheit (Differenz, Unterschied) erwächst aus einer Gleichheit und Einheit; die lebendige Einheit der Liebe wiederum setzt die Differenz der Liebenden voraus (Theodramatik IV, S. 57).

Bonaventura († 1274), General des Franziskanerordens, Kirchenlehrer. Vgl. MARIANNE SCHLOSSER, *Bonaventura begegnen*, 2000.

Die Sünde zersetzt die Einheit des Menschen mit Gott; sie mindert und verkürzt damit ebenso den positiven Unterschied des menschlichen Eigenstandes Gott gegenüber. Um das Nichts der Sünde, um dieses Loch im Sein wieder aufzufüllen, muß Gott daher das Geschaffene wieder in seine eigentliche Größe zurückversetzen und – in diesem Sinn – den Unterschied zu sich sogar vergrößern, oder, was dasselbe ist, Gott muß das Selbstsein des Menschen wieder stärken, das auf das Selbstsein Gottes verweist und deshalb die analoge Einheit mit Gott zum Ausdruck bringt.

Die Überwindung der Sünde kann nur durch die Kraft geschehen, durch die Gott alles ins Dasein ruft: durch seine selbstlose Liebe, die den Anderen an sich frei gibt und als Anderes im Unterschied zu sich und in Einheit mit sich will.

Diese selbstlose Liebe kennzeichnet bereits den Hervorgang des Sohnes, der nicht der Vater ist: „In der Liebe des Vaters liegt ein absoluter Verzicht, für sich allein Gott zu sein, ein Loslassen des Gottseins und in diesem Sinn eine (göttliche) Gottlosigkeit (der Liebe natürlich), die man keineswegs mit der innerweltlichen Gottlosigkeit vermengen darf, die aber doch deren Möglichkeit (überholend) grundlegt" (Theodramatik III, S. 301).

Diese Formulierungen sind sicherlich gewagt; die knapp erläuternden Klammern wollen bereits mögliche Mißverständnisse entkräften. Um was geht es? Zum einen wird nochmals deutlich, daß Gott reine Liebe ist und deshalb nicht an sich verkrampft festhält, sondern in jeder Hinsicht selbst-los sein kann, was Balthasar provokativ göttliche Gott-losigkeit nennt. In dieser Selbst- bzw. Gott-losigkeit Gottes liegt die Möglichkeit, daß Gott den Menschen aus selbstloser Liebe erschafft, ihn an sich selbst frei gibt, was zugleich auch die Möglichkeit – nicht die Notwendigkeit – des theoretischen Atheismus und vor allem der praktischen Gottlosigkeit der Sünde mit sich bringt. Aber nur ein wirklich freier Mensch ist ein Anderer Gott gegenüber, wobei, wie gerade erläutert, die positive Andersheit des Menschen durch die Sünde nicht wächst. Für Balthasar liegt in der größeren Selbst-losigkeit Gottes auch der Grund dafür, daß die noch so große Ich-Bezogenheit des Menschen in der Sünde immer schon überholt und überrundet ist, was Kreuz und Auferstehung Jesu zeigen werden.

Auch folgende Formulierungen Balthasars kreisen um dasselbe Mysterium: nur ein dreifaltiger Gott kann Schöpfer und Erlöser sein. Daß sich sein Denken dabei „auf Messers Schneide" bewegt, ist ihm bewußt: Die selbstlose Selbstweggabe des Vaters in der Zeugung des Sohnes als des unendlich Anderen kann allein „gleichzeitig die ewige Voraussetzung und Überholung all dessen sein, was Trennung, Schmerz, Entfremdung in der Welt, und was Liebeshingabe, Ermöglichung von Begegnung, Seligkeit in ihr sein wird. … Daß Gott (als Vater) seine Gottheit so weggeben kann, daß Gott (als Sohn) sie nicht bloß geliehen erhält, sondern ‚gleichwesentlich' besitzt, besagt eine so unfaßbare und unüberbietbare ‚Trennung' Gottes von sich selbst, daß jede (durch sie!) ermöglichte Trennung, und wäre es die dunkelste und bitterste, nur innerhalb ihrer sich ereignen kann". In der Hervorbringung des Sohnes ist „jedes mögliche Drama zwischen Gott und einer Welt immer schon miteinbeschlossen und überholt ... da jede Welt nur innerhalb der vom Heiligen Geist offengehaltenen wie überbrückten Differenz von Vater und Sohn ihren Ort haben kann" (Theodramatik III, S. 302). Balthasar gibt zu verstehen, daß die Rede von einer Trennung in Gott nicht tragisch zu verstehen sei, erst recht nicht als Aufspaltung Gottes, sondern als die Voraussetzung von Beziehung, Begegnung und Liebe. Weil endliche Freiheit stets unterwegs ist zu ihrem Ziel, zum Tun des Guten, kann sie auch von ihrem Weg abirren und sich im Bösen verlaufen und selbst verfehlen. Daß aber auch Gott ihr dort auf dem Holzweg des Bösen begegnen kann, setzt einen Gott voraus, für den kein Umweg zu weit und kein Kreuzweg zu beschwerlich ist, um das verlorene Schaf zurückzutragen. Darum muß dieser Gott jeder Differenz und „Trennung" mächtig sein, auch der Trennung, welche die Sünde darstellt. Dies ist nach Balthasar durch die Differenz und Trennung von Vater und Sohn in der unauftrennbaren Einheit des Heiligen Geistes gegeben. Statt „Trennung" könnte man auch immer das Wort Liebe einsetzen, die eben jedem nachgeht und sich dabei auch an den Ort begeben kann, der ihr eigenes Gegenteil darstellt: Lieblosigkeit, Haß, Sünde, Tod. Das Wort von der Trennung hat Balthasar von Adrienne von Speyr übernommen.

Spiel und Ernst der Liebe

Hinter diesen nicht ganz unzweideutigen Formulierungen Balthasars steht seine Auseinandersetzung mit Hegel. Gegen die Kritik der Aufklärung am Glauben an den dreifaltigen Gott hatte Hegel mit apologetischem Engagement eine Trinitäts-*Philosophie* entwickelt, um zu zeigen, daß nur wer Gott dreifaltig denke, Gott auch philosophisch widerspruchsfrei und uneingeschränkt vernünftig denke. Hegels Konzept hat jedoch, salopp gesagt, einen Haken. Unter der Voraussetzung, daß wissenschaftliches und philosophisches Denken auf den Aufweis von *notwendigen* Zusammenhängen zielt, die man in Begriffen und Formeln darstellen kann, versucht er auch das Verhältnis von Gott und Welt als ein Verhältnis der Notwendigkeit zu definieren. Hegel kommt daher zu dem Ergebnis, daß Gott die Welt erschaffen *mußte.* Dieses *Muß* hat seinen Grund in Gott selbst. Hegel beschreibt die innergöttlichen Differenzen zwischen Vater, Sohn und Geist als eher potentielle Differenzen, die noch eine weitere Entwicklung vor sich haben. Metaphorisch spricht Hegel davon, daß die Unterschiede in Gott nur ein „Spiel" seien. „Ernst" werde es erst, wenn es zur realen Setzung der Unterschiede komme: durch Schöpfung, Sünde und den Tod des Sohnes am Kreuz. Durch die wirkliche Trennung des Menschen von Gott könne Gott jetzt wachsen und die potentielle Differenz zwischen Vater und Sohn durch Inkarnation und Tod am Kreuz verwirklichen, mithin zu einer wirklichen machen. Erst wenn Gott auch zu seinem Gegenteil, zu purer Endlichkeit geworden sei, d. h. wenn er stirbt, tot am Kreuz hängt und in das Gegengöttliche der Sünde eintaucht, ist Gott wirklich alles in allem geworden – und damit Gott. Der Gang Gottes durch die Geschichte ist für Gott also notwendig; er überwindet damit eine innere Not: seine vorab nur potentielle Selbstdifferenzierung.

Dieser Vorstellung vom spielerischen, unernsten Charakter der innergöttlichen Unterschiede setzt Balthasar den Hinweis auf ihre Realität entgegen. Wegen „des ‚Ernstes' der Trennung" in Gott sei es unmöglich, die Trinität „einseitig als das ‚Spiel' absoluter … ‚Seligkeit' anzusehen" (Theodramatik III, S. 302). Vielmehr gebe es bereits Trennung in Gott und „so etwas wie einen ‚Tod'" in Gott, „wenn man will: einen Über-Tod, der als Moment in jeder Liebe liegt und innerhalb der Schöpfung alles grundlegen wird, was in ihr guter Tod sein wird: vom Sichvergessen für den Geliebten bis zu jener höchsten Liebe, die ihr ‚Leben hingibt für ihre Freunde'" (Theodramatik IV, S. 74, vgl. auch S. 221). Mit diesem „Über-Tod" meint Balthasar also die „*Selbst*-losigkeit" Gottes des Vaters im Akt der Zeugung oder auch das selbstvergessene Engagement Jesu für alle Menschen, die seine Freunde werden sollen, in dem sich der selbstvergessene Gehorsam des Sohnes offenbart, der ewige *eucharistia,* also Danksagung an den Vater ist. Um diesen Ge-

danken des Todes in Gott als Ausdruck restloser Hingabe und Selbstlosigkeit noch weiter zu unterstreichen, spricht Balthasar im Anschluß an Adrienne von Speyr sogar von einem „gegenseitigen ‚Verbluten' Gottes" (Theodramatik IV, S. 221): Man will sozusagen untergehen, verbluten, damit der jeweils Andere sei. Weil es in Gott bereits „ernst" zugeht, wird es nicht erst im Theodrama voller Ernst mit Trennung und Tod. Das ist Balthasars Antwort auf Hegel.
In immer neuen Anläufen lotet Balthasar die Möglichkeit der Sünde aus und deren Überwindung: er spricht vom „Risiko" (mit Anführungszeichen) des Vaters, der sich restlos hingibt in der Zeugung des Sohnes, das sich widerspiegelt im Risiko, nichtgöttliche Andere, den Menschen, an sich frei zu geben, und erst recht im Risiko, den Sohn in die Welt zu senden. In der „Vorsichtslosigkeit, mit der der Vater sich (und *alles* Seinige) weggibt – was zu der wesenhaft göttlichen Vorsichtslosigkeit der totalen Selbstverdankung und des Sich-verschwendenlassens des Sohnes und zu der des ihm mitgegebenen Geistes führt" – liegt das Risiko, daß diese Vorsichtslosigkeit nicht von einer Freiheit beantwortet wird, die sich genauso in Selbsthingabe an Gott verwirklicht, sondern in der „Vorsicht des Bei-sich-selber-beginnen-Wollens" verharrt. In der Selbsthingabe der göttlichen Personen seien „keinerlei ‚Sicherungen' eingebaut" (Theodramatik IV, S. 211). Deshalb sieht Balthasar in dieser „rück-sichtslosen", unvorsichtigen Selbstlosigkeit Gottes auch den „Ansatzpunkt für das, was Leiden werden kann" durch die sich restlos verweigernde Freiheit in der Sünde (Theodramatik III, S. 305). Deren Nein ertönt als negatives Widerbild des Ja, das der Sohn als der urbildlich Andere zur Selbstverschenkung des Vaters spricht. Darum ist es Balthasar zufolge auch am Sohn, die Welt zu erlösen, indem er sein ewiges Ja an der Stelle derjenigen spricht, die als Sünder durch ihr Nein alles in tödliches Schweigen zu stürzen trachten: am Kreuz. Eine „trinitarische Unterwanderung" von Sünde und Hölle sieht Balthasar demnach in Gott gegeben: „Das Nein der Kreatur ertönt an der ‚Stelle' der innergöttlichen Differenz, und der Sohn, der Mensch werdend in diese ‚Finsternis' des Neinsagens eintritt,

braucht als ‚Licht' und ‚Leben' der Welt seine eigene ‚Stelle' nicht zu wechseln, wenn er, in die Finsternis scheinend, deren ‚Stell-Vertretung' unternimmt. Er kann es aufgrund seines topos innergöttlicher Differenz vom schenkenden Vater" (Theodramatik III, S. 309 ff.).

Gegen diese beeindruckende Sicht der Trinität hat man eingewandt, daß Balthasar mit ihr die konkrete Geschichte entwerte, weil in Gott „schon immer alles gelaufen sei"; Trennung, Tod und Überwindung der Trennung im Geist des Lebens, Unterwanderung der Sünde ... Auf der anderen Seite kommt keine Theologie umhin, die Voraussetzungen der Freiheit des Menschen sowie der Erlösung im Blick auf die Dreifaltigkeit zu klären, ohne dabei Gott mit der Heilsgeschichte „wachsen" und sich selbst verwirklichen zu lassen. Hinzu kommt die Schwierigkeit, daß zwei Größen in einem Verhältnis zueinander gesetzt werden, die aber nicht in Parallelität zueinander stehen und darum nicht miteinander verrechnet und in ein Koordinatensystem eingepaßt werden können, das eine perfekte Zuordnung erlauben würde: Gottes zeitlose und zeitübergreifende Ewigkeit und die Zeit der Geschichte. Deshalb ist nicht von vornherein zutreffend, etwas in der Geschichte deshalb als belanglos zu betrachten, nur weil es aus der Perspektive der Ewigkeit „schon gelaufen zu sein scheint". So ist Gott „immer schon", von Ewigkeit her zu Erlösung und Versöhnung entschlossen (universaler Heilswille); dennoch muß der Entschluß sich geschichtlich ereignen (Christusereignis). Insofern ist es auch mehr als fraglich, ob Balthasars Kritik an Rahner zutrifft, der angeblich die Geschichte Christi dadurch entwerte, daß er von der immer schon gegebenen Realität des universalen Heilswillens Gottes ausgehe (Gott sei bei Rahner „der je-schon-Versöhnte": Theodramatik III, S. 255 f.), was Rahner aber nur im Blick auf das Christusereignis behauptet, das auch wirklich geschehen muß, soll man von diesem allgemeinen Heilswillen sprechen können, was dessen Verbindung mit der menschlichen Freiheit Jesu voraussetzt.

Sünde und Hölle im menschgewordenen Sohn

Nachdem Balthasar die im trinitarischen Gott liegenden Voraussetzungen für Schöpfung und Erlösung erläutert hat, bemüht er sich nochmals, das Geschehen der Erlösung aus der trinitarischen Perspektive auszuloten.
Insbesondere betrachtet Balthasar den Gehorsam des Sohnes, der in seinem „Liebesgehorsam" mit dem Vater im Geist verbunden zugleich die Weltschuld der Gesamtmenschheit, also den radikalen Ungehorsam, in sein Verhältnis zum Vater hineinnimmt. Dies geschehe in der vor allem im Johannesevangelium thematisierten, vom göttlichen Vater verfügten Stunde. Eine „totale Überforderung" des Sohnes – ein Gedanke Adrienne von Speyrs –, der zum Konzentrat der Weltsünde wird, sei die Folge. Angst, tiefste Erschütterung, Gottverlassenheit befallen ihn, der seiner Sendung und somit dem Heilswillen des Vaters sowie dem Wirken des Geistes treu bleibt. Jesus erfährt „die Finsternis des Sündenzustandes", eine Finsternis, die noch die übersteigt, welche die Sünder selbst erleben, da sich diese Nacht „innerhalb der von keinem Geschöpf erahnbaren Tiefen der Beziehung der göttlichen Hypostasen [Personen] abspielt" (Theodramatik III, S. 311, 313).
Balthasar lotet mit diesen Gedanken – inspiriert durch sein Studium der Kirchenväter und der Mystik Adrienne von Speyrs – die neutestamentlichen Aussagen über das stellvertretende Sühneleiden Christi aus, Aussagen, die ihrerseits an alttestamentliche Vorlagen anknüpfen, wie das Bild vom leidenden Gottesknecht bei Jesaja (42–53). Dabei handelt es sich nicht um von außen an das Geschick Jesu herangetragene Deutungen: Jesus selbst sieht seine Sendung in diesem Kontext. Wenn Paulus schreibt: „Er hat den, der keine Sünde kannte, für uns zur Sünde gemacht, damit wir in ihm Gerechtigkeit Gottes würden" (2 Kor 5,21), dann bringt er damit Jesu Solidarität mit den Sündern auf den Punkt. Balthasar versucht dieses Wort weiter auszuloten, indem er sich an das Geheimnis herantastet, daß die Sünde der Welt in Jesus ist und somit eingelassen ist in sein vom Geist mitgetragenes Verhältnis zum Vater (Mysterium Paschale, S. 202).

Die Erschütterung, die Jesus anfällt, sein Kampf um die Einwilligung in den Heilswillen des Vaters versteht Balthasar als den „Einlaß der Sünde" (Mysterium Paschale, S. 194), womit Jesu „Reduktion auf den Gehorsam" seinen Höhepunkt erreiche (Mysterium Paschale, S. 197). So warnt Balthasar auch davor, den Verlassenheitsschrei Jesu und das Psalmen-Zitat „Mein Gott, warum hast du mich verlassen" (Ps 22) nur zu einem der sieben Worte Jesu am Kreuz zu relativieren, um ihm womöglich seine Härte zu nehmen (Mysterium Paschale, S. 212). Gerade mit dem Einlaß der Sünde und Gottverlassenheit in Jesus „ist alles vollbracht".

Theologie des Karsamstags

Dieses Vollbringen der Sendung schließt in letzter Konsequenz Jesu „Gang zu den Toten" ein. Es sind die Karsamstagserfahrungen Adrienne von Speyrs (Theodramatik IV, S. 223–293) und das Studium der Vätertheologie zum Thema (Mysterium Paschale, S. 227–255), die Balthasar zu der Überzeugung führen, daß das Vollbringen der Sendung Jesu den „Gang zu den Toten" einschließt. Unter „Tod" wird dabei nicht nur das biologische Ende menschlichen Lebens verstanden, sondern der „zweite Tod" (Offb 2,11; 20,6.15; 21,8), die definitive Trennung des Menschen von Gott, die man Hölle nennt. In *Das Herz der Welt* (1945) hat Balthasar bereits die Höllenangst Jesu beschrieben als „Angst davor, in Ewigkeit das Antlitz des Vaters nicht mehr zu schauen". Jesus habe dadurch auch das „Nein seinem Heilsereignis gegenüber eingeholt" (Mysterium Paschale, S. 246), sei also nicht nur solidarisch geworden mit denjenigen, die zwar ohne ihn im Reich des Todes gefangen sind, aber als die Erwählten und Heiligen des Alten Bundes gelten können. Der Vater, der Welt und menschliche Freiheit verantwortet und insofern auch die Hölle, müsse den gesandten Sohn folglich auch in diese Hölle einführen (Mysterium Paschale, S. 248), die jedoch, weil alles „Böse endlich" und deshalb wesenhaft begrenzt sei (Theodramatik IV, S. 257), vom Sohn nochmals „unterboten“ und „unterfaßt“ werden kann; tiefer als der Sohn ist niemand in den Zustand des Hölleseins eingedrungen. Deshalb folgert Balthasar mit Thomas von Aquin: „Die Hölle gehört künftig Christus, und indem er mit ihrer Kenntnis aufersteht, vermag er auch uns in Kenntnis darüber zu setzen“ (Mysterium Paschale, S. 249).

Alle Aussagen über die Hölle müssen daher als „eine Funktion des Christusereignisses“ begriffen werden, weshalb weder Jenseitsspekulationen (z. B. eine spezielle Hölle für ungetaufte Kinder) noch voreilige Einschränkungen der heilsstiftenden Solidarität Christi mit den Sündern „in“ der Hölle zulässig sind (z. B. Jesu rette nur die Erwählten).

Indem der verratenene und ermordete Sohn Gottes am Karsamstag das Heil in den Abgrund der Verräter und Mörder bringe, sei das „Fegfeuer“ konstituiert, d. h. die Möglichkeit einer läuternden und reinigenden Begegnung mit dem Sohn in der selbstgewählten Hölle sei eröffnet worden, weshalb eine Hoffnung für alle Menschen, selbst für Judas und andere bestehe. Einen Zwang zum Heil lehnt Balthasar freilich ab. Auch wenn man das Mittelalter oft als Blüte der Kirche betrachte, sieht Balthasar in ihm Unerblühtes: z. B. die nicht realisierte Hoffnung auf Rettung aller. Dante habe noch als „wunderbar wacher Christ“, aber „dennoch gehärteten Herzens … durch die Hölle seiner Mitchristen hindurchgehen“ und „die Foltern dieses eindrucksvollsten aller Konzentrationslager betrachten“ können, um schließlich die Verdammten sich selbst zu überlassen. „Was ein Christ damals verantworten konnte, das könnte er heute nicht mehr; er würde sich andernfalls als der pure Unchrist enthüllen. Denn es wurde uns unterdessen etwas Neues gezeigt. Das mittelalterliche Schloß, in welchem man im Festsaal über den tiefen Kerkern und Folterkammern tanzt und schmaust, ist eingestürzt und wird nicht mehr gebaut werden. Und kein Christ will heute mehr tanzen, solange einer seiner Brüder die Folter erleidet“ (Schleifung, S. 52f.).

Dante Alighieri (1265–1321) besichtigt in *Die Göttliche Komödie* die verschiedenen Jenseitszustände. Dabei wird vorausgesetzt, daß es Seelen in der Hölle gibt und diese dort auch bleiben.

Am Kreuz Jesu, das die Hölle einschließt, offenbare sich die Dreifaltigkeit: in der äußersten Trennung Gottes von Gott werde die innergöttliche Differenz erkennbar, die vom Geist als Einheit immer größerer Liebe besiegelt werde und eine Hoffnung für alle begründe.

Der Mensch im Leben der Dreifaltigkeit

Der Hinweis auf die je größere Liebe des dreifaltigen Gottes, gibt uns nochmals Gelegenheit, jetzt abschließend im Blick auf das „Ende der Welt und den Himmel" das Verhältnis von Gott und Mensch mit Balthasar auszuloten und eine weiterführende Antwort auf Hegel zu geben.

Weil Gott der Gott der je größeren Liebe ist, des Je-Mehr, ist für Balthasar einsichtig, wie Gott eine Welt zu erschaffen vermag, ohne dadurch mehr zu werden. Hätte Gott etwas von der Welt, hätte die Welt nichts davon. Ein von der Welt abhängiger Gott wäre nämlich selber endlich und womöglich erlösungsbedürftig; er könnte nicht die letzte Erfüllung des für das Unendliche offenen Menschen sein. Andererseits folgt nach Balthasar aus dieser Unabhängigkeit Gottes von der Welt nicht, daß Gott der Welt gleichgültig gegenüberstünde. Sein Je-Mehr-Sein ermöglicht ihm, sich je mehr für Welt und Mensch zu engagieren, ohne dadurch irgendwie mehr zu werden. So könne im ewigen Leben der Mensch an Gottes dreifaltigem Leben innerlich teilhaben. Dies führt Balthasar zu einer letzten Einsicht: In Anlehnung an den Gedanken von der mystischen Geburt des Sohnes in der Krippe des menschlichen Herzens und der Einwohnung des Heilgen Geistes in der menschlichen Seele wagt Balthasar, unterstützt von den Aussagen der Mystiker (Meister Eckhart, Johannes Tauler, Heinrich Seuse, Jan Ruysbroeck, Johannes vom Kreuz u.a), davon zu sprechen, daß der Mensch den Sohn mitzeuge und den Geist mithauche. Andernfalls nehme der Mensch nicht an den Beziehungen der göttlichen Personen teil (Theodramatik IV, S. 392). In dem aus den Gleichnisreden Jesu bekannten Bild der Hochzeit sieht

Balthasar die endzeitliche Einigung des Menschen mit Gott dargestellt. Diese Einigung geschieht am Menschen nicht passiv; er kann sie auch von seiner Seite aktiv hervorbringen, eben in Form jener Gottesgeburt. Maria ist diesbezüglich der entscheidende Maßstab, der definitiv durch Christus mit Gott hochzeitlich geeinte Mensch. Von all dem her „haben" sich die drei göttlichen Personen selbst im Sinn des unüberholbaren Je-Mehr ihres Seins und ihrer Liebe, die sie für den Menschen öffnen. „Was hat Gott von der Welt? Ein zusätzliches Geschenk, das der Vater dem Sohn, aber ebensosehr der Sohn dem Vater und der Geist beiden macht, ein Geschenk deshalb, weil die Welt durch das unterschiedliche Wirken jeder der drei Personen am göttlichen Lebensaustausch innerlichen Anteil gewinnt und sie Gott deshalb, was sie Göttliches von Gott erhielt, mitsamt dem Geschenk ihres Geschaffenseins auch als göttliches Geschenk erstattet" (Theodramatik IV, S. 476).

Trinitarische Wirklichkeit

Die Trilogie Balthasars schließt mit den drei Bänden der *Theologik*. Sie erschließt die Voraussetzungen, unter denen überhaupt das Handeln der göttlichen Personen möglich ist und wirklich werden kann. Diese Voraussetzungen identifiziert Balthasar mit dem Begriff der Logik; dieser verweist auf die Frage nach der Wahrheit der Offenbarung. Die zentralen Aussagen aus *Wahrheit der Welt* wurden bereits erläutert: aus philosophischer Sicht spricht nichts gegen die Möglichkeit einer definitiven Offenbarung Gottes, im Gegenteil. Im zweiten Band *Wahrheit Gottes* bedenkt Balthasar u. a. das Verhältnis von göttlicher und menschlicher Logik sowie die Möglichkeit der Christologie, ausgehend vom dreifaltigen Gott: Wie vermag sich der ewige Logos „im Endlichen des Geschöpfs auszudrücken?" (Theologik II, S. 11). Im dritten Band *Der Geist der Wahrheit* wird diese theologische Erschließung der Voraussetzung für die Offenbarung unter der Perspektive der *Pneumatologie* (Lehre vom Heiligen Geist) fortgesetzt. Wichtiges dazu wurde bereits erörtert: Der Geist, der in die Wahrheit Christi einführt und die Kirche als den Raum bereitet, in dem die Wahrheit der Offenbarung immer mehr erkannt und gelebt wird.

Es bleibt, einige Gedanken des zweiten Bandes, die ausführlich auch im vierten Band der *Theodramatik* zu finden sind, zu skizzieren (Theodramatik IV, S. 53–95; Theologik II, S. 35–57, 72–79, 159–170). Es geht – wenn auch nicht ausschließlich – um Bestimmungen der endlichen Wirklichkeit, die für gewöhnlich eher als Ausdruck ihrer Distanz zu Gott verstanden werden, aber im Licht des Glaubens an den dreieinen Gott durchaus auch eine Spur der Dreifaltigkeit offenbaren. Dieser auf Gott verweisende Charakter des Geschaffenen zeigt, daß es für die Vermittlung der Selbstmitteilung Gottes geeignet ist und erschließt wiederum einen Aspekt des Geheimnisses der Dreifaltigkeit.

Trinitätsmodelle und das Prinzip „Fruchtbarkeit"

Hingewiesen wurde schon auf das Thema des kenotischen (entäußerten) Seins und der Differenz in ihren verschiedenen Formen, die ihren Ursprung in der gott-immanenten (innerlichen) Andersheit des Sohnes haben und darum auf sie verweisen. Innerweltliche Differenzen wie Beziehungen können deshalb Gottes beziehungsreiches Leben analog darstellen und mitteilen. Ausführlich erläutert Balthasar den Reichtum zwischenmenschlicher Beziehungen, die Gottes Nähe vermitteln.

Grundlegend ist das Verhältnis von Mann und Frau, das nach den Schöpfungserzählungen der Genesis, der Botschaft der Propheten und nach dem Zeugnis des Neuen Testaments dazu prädestiniert ist, Gottes Beziehung zu Israel und zu allen Menschen darzustellen bzw. die Beziehung des erhöhten Herrn zu seiner Kirche zu vermitteln. Aus diesem Grund ist die Ehe ein heilwirksames Zeichen (*Sakrament*) für Gottes Gnade. Weil die Beziehung Gottes zur Menschheit seinen inneren Beziehungsreichtum offenbart, verweist insbesondere die Liebe und Fruchtbarkeit von Mann und Frau, die sich im gemeinsamen Kind wiederfinden, auf die innere Fruchtbarkeit Gottes in der Zeugung des Sohnes und der Hauchung des Geistes durch Vater und Sohn. Während Balthasar das Gleichnis menschlicher Liebe und Fruchtbarkeit „die sprechendste dem Geschöpf eingestiftete imago Trinitatis" (d. h. Bild der Trinität, Theologik II, S. 56) nennt, weiß er zugleich um mögliche Mißverständnisse: Der Heilige Geist werde allerdings von Vater und Sohn „nicht erzeugt … wie das Kind aus Mann und Frau"; eher „abstrakt" solle man von der Fruchtbarkeit der Liebe sprechen (Spiritus Creator, S. 96).

Vgl. das Geleitwort Balthasars zu KOSSI K. JOSEPH TOSSOU, *Streben nach Vollendung*, 1983, S. VIII.

Sympathien verrät Balthasar für die Trinitätskonzeption Richards von St. Victor, der ganz auf das interpersonale Verständnis der Liebe setzt, die zumindest zwei auf gleicher Seinsstufe voraussetzt, weshalb die

RICHARD VON ST. VICTOR (†1173), *De trinitate*, Teilübers. Balthasars: *Die Dreieinigkeit*, 1980.

Liebe eines Menschen zu einem Hund immer unvollkommener ist als die Liebe zwischen zwei Menschen. Folglich muß Gott auch Gott lieben, um die Liebe (1 Joh 4,8.16) zu sein: es muß im einen Gott Vater und Sohn geben. Soll die Liebe jedoch im höchsten Maß vollkommen sein, so muß sich ihre Zwei-Einheit zum Dritten hin öffnen und ihn als Mitgeliebten *(condilectus)* wollen, der sich des Geliebtwerdens der Zwei erfreut und selber zum Lieben berufen ist. Wieder erinnert diese Konzeption an das Trinitätsgleichnis von der Ehe, die sich zur Familie hin überschreitet. Einen Vierten, Fünften usw. muß man in Gott nicht mehr annehmen, da mit dem Dritten das nicht mehr zu überbietende Höchstmaß der Liebe erreicht ist.

Dieses intersubjektive Modell zieht Balthasar dem augustinisch-thomasischen vor (Theologik II, S. 35 f.), das bei den Vollzugsweisen des Geistes ansetzt: Der Geist (des Menschen) definiert sich durch seine Fähigkeiten des Erkennens und Wollens/Liebens. In Worten (Gedanken, Ideen) stellt der menschliche Geist seine Selbsterkenntnis dar: So stellt sich auch Gott, der Vater, der sich dank des göttlichen Geistwesens als Vater und Gott erkennt, in einem einzigen Wort *(Logos)* dar: im Sohn. Wie der menschliche Geist sich zugleich in seiner Selbsterkenntnis bestätigt, will und liebt, so liebt sich auch Gott in seiner Selbst-Darstellung im Wort. Die Liebe ist somit eine zweite Weise, in der Gott existiert: der Heilige Geist. Nach Balthasar hat dieses geistmetaphysische oder psychologische Trinitätsverständnis, das sich an der Seele des Menschen orientiert, zwar den unbestreitbaren Vorteil, die Einheit Gottes in der Dreiheit zu unterstreichen, neigt aber dazu, das eigene Profil der göttlichen Personen abzuschwächen und sie mitunter sogar zu bloßen Vollzugsmomenten eines absoluten Geistsubjekts herabzusetzen, was insbesondere die Trinitätsphilosophie Hegels vor Augen geführt habe. Demgegenüber setzt Balthasar auf das Trinitätsverständnis, das von der notwendigen Bezogenheit der menschlichen Person auf andere ausgeht. Wie angedeutet, räumt Balthasar aber auch die Schwächen dieses Modells ein. Vor allem darf die Einheit nicht als ein nachträgliches Produkt der Gemeinsamkeit der Personen erscheinen. Letztendlich könne man sich nur von zwei Seiten dem Geheimnis der Dreifaltigkeit nähern: ausgehend von der Einheit des Wesens oder von der Dreiheit der Personen; ein übergeordneter Begriff sei dem Menschen nicht zugänglich (Theologik II, S. 35). Beide Modelle zeigen aber die Offenheit des Menschen für Gottes Gegenwart in der Geschichte. Der Mensch ist sich selbst als einzelner wie als Gemeinschaftswesen Gleichnis der Dreifaltigkeit und so „Sakrament" der Nähe Gottes.

Die Liebes-Erkenntnis des Vaters

Balthasar präzisiert das geistmetaphysische Verständnis der Zeugung noch in einem bemerkenswerten Punkt. Es wurde gesagt, daß man sich in der Trinitätstheologie die Zeugung des Sohnes als einen gottinternen Erkenntnisakt verständlich macht, an dessen Ende der Hervorgang des Wortes steht. Balthasar insistiert darauf, daß dieses produktive Erkennen des Vaters kraft des göttlichen Wesens als Akt der Liebe zu verstehen ist (Theologik II, S. 120f., 126ff.). Dieser Hinweis versucht, die bereits erörterte, gewöhnliche Vorstellung des Erkenntnisaktes zu korrigieren, wonach Erkennen eine Art Einverleibung des Objekts im Subjekt bedeutet und dem Wissenserwerb und -besitz dient. Erkennen als Liebe hat dagegen nichts mit Aneignung, sondern mit der Hingabe an die Wahrheit des Anderen zu tun. Darum dient dem Vater der als Erkenntnisakt gedachte Hervorgang des Sohnes nicht zum Wissenserwerb oder Selbstbesitz, sondern der Realität und Wahrheit des Sohnes. Der Sohn ist nie Mittel zum Zweck. Die Erkenntnis des Vaters ist jene Urkenose. Im biblischen Sprachgebrauch wird Erkennen oft gleichgesetzt mit Liebe und Kontakthaben (Gen 4,1: Adam erkannte Eva; Joh 10,14: Jesus kennt die Seinen, die Seinen kennen ihn). Das ewige Leben wird als Erkennen beschrieben (Joh 17,3); Nichtekennen bedeutet Gericht, Hölle (Mt 7,23; 25,12: Ich kenne

euch nicht ...). Der „Begriff“ ist demnach nicht zuerst gewaltsames Ergreifen und Inbesitznahme einer Sache. Er resultiert aus einer Empfängnis des Anderen. Eine *conceptio entis,* eine Seinsempfängnis, steht am Beginn des Erkennens. Der Begriff ist *conceptus* im wörtlichen Sinn, etwas, das aus dem Empfangenen hervorgeht, nicht aber selbstentworfenes und der Wirklichkeit übergeworfenes Konzept.
Am Beispiel des Erkennens wird deutlich, wie sehr die Trinitätstheologie Perspektiven eröffnen kann für ein tieferes Verständnis menschlicher Grundvollzüge. Andererseits könnten diese Perspektiven nicht erschlossen werden, wenn nicht die menschliche Wirklichkeit diese trinitarische Tiefendimension schon besäße. Weil diese Tiefendimension besteht, kann sich die Trinität dem menschlichen Erkennen zugänglich machen und in der Form des Erkennens ihr Verhältnis zum Menschen offenbaren.

Freigebige Macht

Balthasar unternimmt es, außer den oben erläuterten Eigenschaften Gottes weitere im Licht des Trinitätsglaubens zu erörtern, womit zugleich ein bezeichnendes Licht auf entsprechende Eigenschaften des Menschen geworfen wird (Theologik II, S. 128 –138). So zeigt etwa die Trinitätstheologie den tieferen Sinn dessen, was man unter Macht zu verstehen hat, und was die Rede von Gottes Allmacht besagt. Ähnlich wie im Fall des Erkennens könnte man Macht wieder als selbstbezogenes Vermögen begreifen, als Vereinnahmung und Manipulation anderer, als Chance, die eigene Subjektivität zum Maßstab der Wahrheit und Freiheit des anderen zu machen. Die Trinitätstheologie erhellt, daß Macht dem Dasein des anderen dient: dem Sein des Sohnes wie auch der Welt. Die Allmacht Gottes erdrückt nicht, sondern schenkt Leben: sie bekämpft die durch die Sünde pervertierten Kräfte des Menschen und heilt falsche Machtgelüste. In ihrer geheilten, Leben ermöglichenden Form kann menschliche Macht zum Medium der Selbstmitteilung Gottes werden.

Göttliche Passivität

Kehren wir nochmals zur Thematik des Erkennens zurück, um von hier aus den Blick auf typische Bestimmungen des Endlichen zu werfen, die dennoch auf Gott verweisen. Auf die von Balthasar herausgestellte positive Bedeutung der Rezeptivität menschlichen Erkennens wurde hingewiesen. Balthasar gibt darüber hinaus zu bedenken, daß das Sichempfangen des Sohnes vom Vater her ebenso ein Urbild der ursprünglichen Wirklichkeits- und Seinsempfängnis des menschlichen Verstandes ist. Ja, das Gezeugtwerden deute an, daß Gottes vollkommener Wirklichkeit Passivität nicht fremd ist, weshalb Passivität im endlichen Kontext nicht ausschließlich anzeigt, daß etwas nicht Gott ist. Metaphysisches Denken definiert Gott als reinen Akt *(actus purus),* also als pure, reine Wirklichkeit, die frei ist von noch zu verwirklichender Potentialität (Möglichkeit), frei von jeder Passivität mithin, die erst noch zu aktivieren wäre. Potentialität und Passivität sind folglich wie Rezeptivität/Empfänglichkeit Zeichen des Endlichen. Aus rein philosophischer Perspektive mag dieses Ergebnis auch überzeugen. Aus trinitätstheologischer Blickrichtung gibt Balthasar dagegen zu bedenken, daß diese Kennzeichen des Endlichen durchaus auf eine göttliche Passivität und Rezeptivität verweisen, die Ausdruck höchster Aktivität ist, nämlich der Bereitschaft des Sohnes, sich vom Vater zeugen zu *lassen.* Diese Bereitschaft des Sohnes, sich zeugen zu lassen, ist Aktivität, genauso wie das Gehaucht*werden* des Heiligen Geistes. Auch der Vater *empfängt* sich vom Sohn *her*: ohne Sohn kein Vater. Es geht Balthasar keineswegs darum, Passivität oder Potentialität in Gott einzutragen als Ausdruck dafür, daß Gott sich erst – wie ein Mensch – allmählich voll verwirklichen muß. Gott ist immer pure Wirklichkeit der Liebe, die als Ausdruck ihrer Realität Geben und Empfangen einschließt.

Gegen diese Einsicht muß auch kein philosophischer Einwand erhoben werden. Wenn man philosophisch einräumt, daß Gott sich selber zu erkennen vermag, so geht man davon aus, daß das dabei nicht zu bestreitende Erkannt*werden* Gottes durch

Gott selbst Ausdruck der Aktivität und Realität seiner Selbsterkenntnis ist und keineswegs eine Passivität andeutet, die Gottes purer Aktivität und Aktualität widerspricht. Folglich muß sich ein philosophisches Gottesverständnis nicht in Opposition setzen zu Balthasars Auslegung des Gezeugt*werdens* des Sohnes und Gehaucht*werdens* des Geistes, im Gegenteil: Die Trinitätslehre verweist auf die mit den Mitteln der Philosophie nicht mehr zugängliche Tiefendimension des göttlichen Erkennens und Erkannt*werdens* in Form von Zeugung und Gezeugt*werden*. Außerdem ist einsichtig, daß sich Gott im Menschen authentisch offenbaren kann: daß sich der ewige Sohn in seiner menschlichen Natur von einer Frau her durch das Wirken des Heiligen Geistes empfängt oder in seiner Sendung auch rezeptive Aspekte kennt (Erziehung, theologischer Wissenserwerb usw.), widerspricht keinesfalls der Wirklichkeit des Sohnes; es entspricht ihm vielmehr.

Göttliches Werden und Vergehen?

Sodann verweist das Gezeugt- und Gehauchtwerden Balthasar zufolge nicht allein auf eine göttliche Passivität, sondern auch auf ein göttliches Werden, das Urbild jedes endlichen Werdens ist. Daß auch das Vergehen in Gott sein Urbild haben soll, wurde zumindest im Sinn des *Übertodes* schon angedeutet: im Sinn selbstloser Hingabe. Durch die Sünde Adams ist dem Menschen freilich die Bedeutung des Todes als Aufgipfelung radikaler Selbstlosigkeit und Selbstübergabe an den das Leben des Menschen vollendenden Gott verstellt. Der Tod erscheint nicht als Vollender des Lebens, sondern als Räuber (Theodramatik III, S. 345–374). Die Sünde behindert gerade die liebende Selbstübergabe an Gott, das Leben in der Gewißheit, in Gott letzte Erfüllung zu finden; die Sünde führt zur Konzentration auf die eigene Endlichkeit, schafft das bedrängende „Bewußtsein des Todes" (Christlicher Stand, S. 66) und reißt den Menschen bereits mitten im Leben in Leblosigkeit, weil in die Beziehungslosigkeit des Egoismus. Als bloß animalisches Verenden des Menschen drückt der Tod daher dem durch die Sünde leb-, beziehungs- und sinnlos gewordenen Leben nur das passende Siegel auf. Die Mauer, welche die Sünde errichtet, ist die Mauer des Todes (Christlicher Stand, S. 81). Nur durch Liebe kann diese tödliche Beziehungslosigkeit der Sünde bekämpft werden: Wer an sie in ihrer göttlichen Wirklichkeit glaubt, wird durch diesen Glauben bereits zum beziehungsreichen Menschen, so daß ein Akt der Selbstübergabe möglich wird. Dieser Akt findet im Sterben in die in Christus und im Heiligem Geist entgegengestreckten Hände Gottes hinein seine höchste Verwirklichung. Auf diese Weise realisiert der Mensch das Leben der göttlichen Personen, die als reine Selbstübergabe an die jeweils anderen existieren. In dieser Hinsicht gibt es also auch für das Werden und Vergehen des Menschen ein Urbild in Gott; aus diesem Grund kann sich Gottes Sohn im Werden und Vergehen eines menschlichen Lebens wahrhaft darstellen.

Indem sich die göttlichen Personen gegenseitig sein lassen, sieht Balthasar die Räumlichkeit und Zeitlichkeit der Welt angedeutet: Der Vater ist die ewige Her-kunft und Zu-kunft der ewigen Gegenwart des Sohnes. Der Vater gewährt dem Sohn seinen Raum; im Geist gewähren sich Vater und Sohn gegenseitig Raum. So ist abbildlich Gott Herkunft und Zukunft des Menschen, dem mit der Schöpfung ein eigener Raum gewährt ist. In Raum und Zeit vermag sich deshalb der dreifaltige Gott zu offenbaren.

Selbstbezug und Buddhismus

So sehr Balthasars Denken um Liebe, Hingabe, Selbstlosigkeit und Opfer kreist, so wenig bedeutet dies doch, daß er jede Form des Selbstbezugs als zu überwindende Größe versteht. Gott, der Vater, sei zwar „ein Sich-Beziehender“, aber dennoch keine „nackte Beziehung“ (Theologik III, S. 148), d. h. der Vater existiert nicht als ein Zeugen, sondern er ist der Zeugende. Ebensowenig existiert der Sohn allein als ein Gezeugtwerden, noch der Geist als ein Gehauchtwerden.

Balthasar will mit diesen feinen Unterscheidungen und in der theologischen Tradition von Thomas von Aquin hervorheben, daß die göttlichen Personen nicht einfach nur Produkte der beiden Hervorgänge in Gott sind. Das würde andernfalls zu dem Eindruck führen, die Personen seien Produkte des göttlichen Wesens – auch der Vater, der „erst" mit dem Hervorgang des Sohnes zum Vater „wird". Aber das göttliche Wesen kann nicht aus sich heraus handeln. Handeln, also zeugen und hauchen, können nur die Personen. Deshalb spricht Balthasar den Personen eine (logische) Priorität zu, so sehr sie auch von den Handlungen der Zeugung und Hauchung abhängen. Diese paradoxe Formulierung macht Ernst mit dem Primat der Person in Gott: der Vater existiert als Zeugender, nicht als Zeugung. Darum geht auch der Mensch nicht radikal in seiner Bezogenheit auf Gott und den Mitmenschen auf, sondern er ist er selbst. Ohne ein Selbst ist auch keine Selbstlosigkeit denkbar, so sehr sich auch das Selbst durch die Hingabe in vorab nicht definierbarer Weise zurückgegeben wird.
Aus diesem Grund kann man auch nicht sagen, daß das nichtsubsistierende Sein sich gebe, damit Seiendes sei; es hat, wie erläutert, kein Sich. Es wird nur gegeben und ist allein als Geben zu verstehen, das einen Geber voraussetzt: Gott. Der für sich nicht reale Seinsakt ähnelt eher dem göttlichen Wesen, das sich auch nicht selbst zu geben vermag, sondern nur von den göttlichen Personen mitgeteilt bzw. gegeben wird. Eine unmittelbare Parallelisierung zwischen der Urkenose des Vaters (Zeugung) und der Entäußerung/Kenose des in der Tat selbst-losen Seins im Akt der Schöpfung ist deshalb nicht möglich; der Vater ist ein Selbst – eine einsinnige (*univoke*) Verwendung des Begriffs der Kenose lehnt Balthasar ja ab. Den Seinsakt könnte man also eher noch mit dem reinen Zeugen vergleichen, nicht jedoch mit Zeugenden. Im übrigen teilt auch der Vater nicht sein Vatersein, sondern das Gottsein mit. In diesem Sinn gibt es einen die Selbsthingabe nicht zu verflüssigenden Selbstbezug. Freilich: da der Sohn den Heiligen Geist zusammen mit dem Vater haucht, kann man auch sagen, daß der Vater dem Sohn die väterliche Eigenschaft mitgeteilt habe,

zumindest in einer sekundären, nicht eigenständigen Weise Ursprung von anderen zu sein, was jedoch keinesfalls heißt, der Sohn sei ein zweiter Ursprung in Gott.
Diese trinitätstheologischen Präzisierungen machen in anthropologischer Hinsicht deutlich, daß Selbstbezug und Bezogenheit auf anderes sowie Selbsthabe und Selbsthingabe auch beim Menschen keinen Widerspruch darstellen – erst durch die Sünde wird aus dem Selbstbezug Egoismus. Darum kann sich der dreifaltige Gott in diesen geistigen Dimensionen offenbaren.
Die Antwort auf den Buddhismus ist nach Balthasar hier zu finden: Radikale Selbstlosigkeit, die der Buddhismus als Erlösung zu denken versucht, geht im trinitarischen Christentum mit Selbstbezogenheit zusammen, weil Selbstbezug in Gott nicht die Konnotation des Egoistischen hat. Zu dieser reinen Selbstbezogenheit kann außerdem der Mensch erlöst werden (Homo Creatus, S. 101).

Nicht zu scheiden: Christus und Kirche

Trinitarisch versteht Balthasar ebenfalls die Kirche. Wie Gottes Leben dreifaltige Gemeinschaft ist, *communio*, so ist der Mensch ein Gemeinschaftswesen, und der Glaube an den dreieinen Gott vollzieht sich in einer Kirche, die wesenhaft *communio* ist: Heilsgemeinschaft mit Gott, die sich zwischen- und mitmenschlich vermittelt. Weil die Kirche in Gott, in der Menschwerdung des Sohnes wie in der Geistsendung ihren Ursprung hat, kann sie niemals nur in Analogie zu einem Staat oder zu einem Verein betrachtet werden. Die *Ecclesia* ist, wie Balthasar im Hinblick auf den Wortsinn des griechischen Wortes für Kirche betont, die Herausgerufene (Credo, S. 70), womit ihr Ursprung und ihr Ziel angedeutet sind.

Hans Urs von Balthasar, *Credo. Meditationen zum Apostolischen Glaubensbekenntnis*, 1989 (Kurztitel = **Credo**).

Christus ruft und beruft Menschen heraus aus ihren ursprünglichen Lebenszusammenhängen. Das geschieht grundlegend bereits mit der Berufung Abrahams zum Stammvater Israels und Mittler des göttlichen Segens für die gesamte Menschheit (Gen 12,3). Balthasar insistiert auf diesen Zusammenhang: die Kirche ist das aus den Völkern herausgerufene Volk Gottes, das seine Wurzeln in Abraham hat, von Jesus zum endzeitlichen Gottesvolk gesammelt wird und das Heil allen Menschen bezeugen und vermitteln soll. Israel und Kirche seien zwei Seiten einer Münze (Neue Klarstellungen, S. 60). Das Ziel von Berufung und Erwählung sei zwar ein Privileg, das aber verpflichte: weder grenzt es von anderen ab, noch soll es abgeschieden und geschützt durch unüberwindliche „Bastionen" gepflegt werden (Neue Klarstellungen, S. 59; Schleifung, S. 44). In seiner programmatischen Schrift *Schleifung der Bastionen* erinnert Balthasar die Kirche an ihren Auftrag, Heilszeichen für die Gesamtmenschheit zu sein und jedes Leben im Ghetto aufzugeben; die Kirche habe „in die Fühlung mit der Welt" hinabzusteigen (Schleifung, S. 79). Kir-

chendienst und Weltdienst müssen sich beim Christen verbinden.
In diesem Zusammenhang plädiert Balthasar für eine Neuentdeckung des Laien: „Die Zukunft der Kirche … hängt davon ab, ob jene Laien sich finden, die aus der ungebrochenen Kraft des Evangeliums zu leben und die Welt zu gestalten gewillt sind" (Schleifung, S. 29). Zusammen mit dem Klerus sieht Balthasar alle Glieder der Kirche durch den Gehorsam gegenüber dem Herrn der Kirche bestimmt, wie er in vorbildlicher und grundlegender Weise von Maria verwirklicht ist. Die Kirche beginne mit ihrem *unbefleckten*, in seiner Entschiedenheit von der Sünde Adams nicht beeinträchtigten Jawort, in dem sich auch der Glaube Israels als Antwort auf Gottes Erwählung und Bund zusammenfasse.

Christus will „die Kirche herrlich vor sich erscheinen lassen, ohne Flecken, Falten oder andere Fehler; heilig soll sie sein und makellos" (Eph 5,27). Diese Makellosigkeit ist grundlegend wirklich in Maria als der ***unbefleckten Empfängnis***: sie blieb vom Augenblick ihrer Empfängnis an vor dem Makel der Erbsünde bewahrt. Zur Mariologie Balthasars vgl. HILDA STEINHAUER, *Maria als dramatische Person bei Hans Urs von Balthasar*, 2001.

Balthasar versteht das *Marianisch-Weibliche* der Kirche darum als das Primäre, das jeder, ob Laie oder Kleriker, zu leben habe. Sekundär sei das Amtliche in der Kirche. Diese gründe zwar wie das marianische Element in Christus: durch seine Gnade wird Maria vor der Sünde Adams bewahrt und geheiligt; er beruft die Jünger und macht sie zu Aposteln. Aber das *Petrinisch-Amtliche* sei dem Marianischen gegenüber „später"; und diesem habe das Amt zu dienen: „Was Petrus für sein Leitungsamt als ‚Unfehlbarkeit' erhalten wird, wird eine partielle Teilnahme an der totalen Fehlerlosigkeit der weiblich-marianischen Kirche sein. Und was die ins Amt geweihten Männer an Konsekrations- und Absolutionsgewalt erhalten, wird in spezifisch männlicher Funktion … auch wiederum Teilnahme sein an einer der vollkommenen weiblichen Kirche nichtamtlich eignenden Fruchtbarkeit (sie hat ja vor der Eucharistie Christus zu Welt gebracht) und Reinheit (sie war ja seit Ewigkeit absolviert)" (Neue Klarstellungen, S. 112f.; Sponsa Verbi 164–174).

HANS URS VON BALTHASAR, *Sponsa Verbi. Skizzen zur Theologie II*, 1971 (Kurztitel = **Sponsa Verbi**).

So sei auch Maria die „Königin der Apostel". Balthasar bedauert, daß der Feminismus weithin diesen Primat des Weiblichen

und Marianischen vor dem Amtlichen übersehe, weshalb der Eindruck entstehen müsse, daß allein durch die Weihe der Frau zum Diakon, Priester und Bischof das Manko einer männlichen Kirche („Männerkirche") ausgeglichen werden könne. Eine auch ins Praktische umgesetzte, konsequente Mariologie und mariologische *Ekklesiologie* (Lehre von der Kirche) könne hier Abhilfe schaffen und neue Perspektiven eröffnen.
Persönlich hat Balthasar erlebt, wie die weibliche Sendung Adrienne von Speyrs seiner Sendung als Priester vorausging und auch umfing, wie er also als Priester ihrer laikalen Sendung diente. Adrienne von Speyr oder die weiblichen Mitglieder der Johannesgemeinschaft hatten ebensowenig den Eindruck, daß sie in ihrem selbstlosen Einsatz für die Kirche durch ihr „Nichtgeweihtsein" irgendwie beeinträchtigt wären.
Auch unabhängig von der Frage nach den Zulassungsbedingungen zum Amt in der Kirche sieht Balthasar in der Vermännlichung der Frau keinen geeigneten Weg zu einer der Frau gerecht werdenden Emanzipation. Balthasar bemüht sich, unter dem Mann- und Frausein mehr zu sehen, als eine äußerliche, operativ zu verändernde Verkleidung des darunter abstrakt und geschlechtslos gedachten Menschen. In der Tat ist ja die Beziehung jedes Menschen zu einem anderen durch sein Geschlecht mitbestimmt. Im Rückgriff auf die von den Propheten des Alten Bundes bereits geprägte Sprache vom Bräutigam Jahwe und seiner Braut Israel verkündet Jesus sich in vielen Gleichnissen (einschlußweise) als der Bräutigam und das durch ihn gesammelte Volk Gottes, die Kirche, als seine Braut (Sponsa Verbi, S. 153–174; vgl. Eph 5). Aus dieser Redeweise hört Balthasar keinen zeitbedingten Patriarchalismus heraus, sondern eine personal-konkrete Denkweise, die sich wiederum an der Dreifaltigkeit orientiert (Sponsa Verbi, S. 194–202).
In Gott geht es nämlich nicht abstrakt um Beziehung und Liebe, so daß man an sich die Personen Vater, Sohn und Geist austauschen bzw. sie ihre „Plätze" in Gott tauschen lassen könnte. Ein Platztausch würde ihre Differenz aufheben und Gott wäre nicht mehr Liebe, die Differenz und Verschiedenheit bei grundlegender Gleichheit im einen göttlichen Wesen voraussetzt.

Der Primat des Vaters untergräbt auch nicht die Gleichheit des Sohnes im Gottsein; andererseits gibt es auch keinen Vater ohne Sohn. Ebensowenig ist der Geist ungehalten darüber, nicht zeugen zu können wie der Vater oder (sich?) nicht mithauchen zu können wie der Sohn. Es ist vielmehr der Geist, von dem sich auch Vater und Sohn „empfangen“: Er bestätigt ihre Fruchtbarkeit, er verbürgt die Vollkommenheit ihrer Liebe, er ist ihr gemeinsames Wir, in dem sich ihr Ich und Du zusammenfaßt usw. Das jeweilige „Nicht“ (z. B. „Nichtzeugenkönnen“) in Gott dient der Beziehung, der Liebe; der Gegensatz der Personen, ihre „Opposition“, wie die klassische Trinitätstheologie formuliert, dient ihrer Einheit.
So ist auch das Mann- und Frausein die ursprüngliche, unaustauschbare Form menschlicher Gemeinschaft und Liebe. Alle weiteren gemeinschaftlich-gesellschaftlichen Formen des Zusammenlebens leiten sich aus dieser Urform ab, denn die Menschen werden als Mann und Frau vom dreifaltigen Gott geschaffen (Gen 1,27). Noch homosexuelle Verbindungen imitieren diesen Grundunterschied und verweisen damit auf ihr eigenes Defizit. Es kommt um der vollkommenen Liebe willen auf dieses „Nicht“ an: daß der jeweils Andere *nicht* das eigene Geschlecht hat. Die unaufhebbare „Opposition“ im Menschsein, das Mann- und Frausein, dient der Einheit von Mann und Frau.
Wenn nun Einheit und Liebe in ihrer ursprünglichen und grundlegenden Form die Liebe zwischen Mann und Frau ist, so wundert es nicht, daß Gott seine Liebe in dieser konkreten Sprache der Liebe ausdrückt und vermittelt. Dementsprechend greift auch Jesus auf die Realität der Beziehung von Braut und Bräutigam zurück. Er liebt nicht abstrakt, er liebt konkret: er liebt in seiner unaustauschbaren Bedeutung des Bräutigams die Menschheit, die er zu seiner Braut erwählt und um deren Jawort er bittet. Eine Scheidung von Christus und Kirche ist so undenkbar wie eine vorübergehende Lebensabschnittspartnerschaft. Ehelos lebt Jesus um dieser unauflösbaren Ehe mit der Menschheit als Kirche willen. Hier wurzelt auch der Zölibat des Klerus. Balthasar zufolge könne man der erläuterten

Realsymbolik der Geschlechter und jenem „Nicht" nicht mehr entsprechen, wenn man die Bedingung des Amtes an das männliche Geschlecht zur Disposition stellt. Ebensowenig könne man etwa der Realsymbolik des Wassers dadurch gerecht werden, daß man ein anderes „Reinigungsmittel" bei der Taufe verwendet. Es ist klar, daß Balthasar mit diesen und ähnlichen Überlegungen keinen besonderen Beifall in unseren Breitengraden erheischen konnte. Er betrachtet die Kirche als den prophetischen Ort, an dem die Differenz der Geschlechter in ihrer ursprünglichen Symbolik für eine Zukunft gelebt wird, die wieder für ein vertieftes Verständnis des Weiblichen und Männlichen Sensibilität zeigt. In der Gegenwart müßte auf jeden Fall sein vehementes Plädoyer für das Engagement des Laien verständlich sein, ohne den es keine Kirche gibt, sowenig sie real ist ohne ihre in Maria gründende, auf Christus verweisende Weiblichkeit.

„Warum ich in der Kirche bleibe? … Weil seltsamerweise wir Idioten alle sie mit unseren Maßnahmen immer noch nicht umzubringen vermocht haben. … Weil sie nur als Kirche der Apostel … mir das Brot und den Wein des Lebens reichen kann. … Weil sie die Kirche der Heiligen ist, der verborgenen und einiger, die wider Willen in das Tageslicht gestoßen sind … Die Heiligen wissen, daß Gott nie das Fremde, Andere ist. Er ist, wenn er ruft, mir innerlicher als ich mir selbst. Sie werden von seiner Hingabe zu solchen Entwürfen und Verwirklichungen beflügelt, wie keiner, der bei sich selbst bleibt. … Warum ich also in der Kirche bleibe? Weil sie die einzige Chance ist, von sich loszukommen von diesem Fluch des Eigengewichts … Wenn ich höre: ‚die Kirche sollte', so scheint mir das bloß zu sagen: ‚Ich sollte'. Um so mehr als ich von der Kirche so viel mehr erhalte, als ich verdiene. Mehr, als was ein Mensch oder eine menschliche Gemeinschaft vermitteln kann. An mir, an uns [ist es], dafür zu sorgen, daß die Kirche dem besser entspricht, was sie in Wirklichkeit ist" (Klarstellungen, S. 183–190).

Über Balthasar zu Balthasar

ELIO GUERRIERO, *Hans Urs von Balthasar. Eine Monographie,* 1993 (Kurztitel = **Guerriero**).

PETER HENRICI, *Erster Blick auf Hans Urs von Balthasar,* in: *Hans Urs von Balthasar – Gestalt und Werk,* hrsg. v. Karl Lehmann u. Walter Kasper, 1989, S. 18–61 (Kurztitel = **Henrici**).

THOMAS KRENSKI, *Hans Urs von Balthasar. Das Gottesdrama,* 1995 (Kurztitel = **Krenski**).

MANFRED LOCHBRUNNER, *Unterwegs zu einer Balthasar-Biographie? Marginalien zu Elio Guerrieros Monographie „Hans Urs von Balthasar",* in: *Internationale kath. Zeitschrift „Communio"* 25 (1996), S. 75–90 (Kurztitel = **Unterwegs**).

MEDARD KEHL, *Hans Urs von Balthasar. Ein Porträt,* in: *In der Fülle des Glaubens. Hans Urs von Balthasar-Lesebuch,* hrsg. v. Medard Kehl u. Werner Löser, 1980, S. 13–60.

MAURO JÖHRI, *Hans Urs von Balthasar (1905–1988). Eine katholische „dialektische Theologie",* in: *Gegen die Gottvergessenheit. Schweizer Theologen im 19. und 20. Jahrhundert,* hrsg. v. S. Leimgruber u. M. Schoch, 1990, S. 420–439.

ANGELO SCOLA, *Hans Urs von Balthasar – ein theologischer Stil. Eine Einführung in sein Werk,* 1996.

CORNELIA CAPOL, *Hans Urs von Balthasar. Bibliographie 1925–1990,* 1990.

Balthasar über Balthasar

HANS URS VON BALTHASAR, *Mein Werk – Durchblicke,* 1990 (Kurztitel = **Mein Werk**).

HANS URS VON BALTHASAR, *Geist und Feuer. Interview mit Michael Albus,* in: *Herder-Korrespondenz* 30 (1976), S. 72–82.

HANS URS VON BALTHASAR, *Prüfet alles – das Gute behaltet. Ein Gespräch mit Angelo Scola,* 2001 (Kurztitel = **Prüfet alles**).

HANS URS VON BALTHASAR, *Unser Auftrag. Bericht und Entwurf,* 1984 (Kurztitel = **Unser Auftrag**).

HANS URS VON BALTHASAR, *Erster Blick auf Adrienne von Speyr,* 1989 (Kurztitel = **Erster Blick**).

Mit Balthasar zu Balthasar

Die Texte aus dem *Hans Urs von Balthasar-Lesebuch In der Fülle des Glaubens,* hrsg. v. Medard Kehl u. Werner Löser, 1980, geben einen ersten Überblick (ohne auf die ganze Trilogie zurückgreifen zu können).

Eine kleine „Summe" der Theologie Balthasars, zusammengestellt aus den letzten Texten aus seiner Hand, findet sich in:

Hans Urs von Balthasar, *Credo. Meditationen zum Apostolischen Glaubensbekenntnis,* 1989 (Kurztitel = **Credo**).

Zum Kennenlernen der Einheit von Spiritualität und Theologie eignet sich ebenso:

Hans Urs von Balthasar, *Der dreifache Kranz. Das Heil der Welt im Mariengebet,* 1979. Die beim Rosenkranz zu betrachtenden Geheimnisse erläutern die zentralen Inhalte des Glaubens, vor allem die Passion.

Zum Einstieg in den theologischen Ansatz Balthasars ist zu empfehlen:

Hans Urs von Balthasar, *Glaubhaft ist nur Liebe,* 1985.

In seine Vision der Kirche führt ein:

Hans Urs von Balthasar, *Schleifung der Bastionen. Von der Kirche in unserer Zeit,* 1989 (Kurztitel = **Schleifung**).

Engagierte Theologie zum Kennenlernen bietet:

Hans Urs von Balthasar, *Was dürfen wir hoffen?,* 1989.

Bei Balthasar

Ins Zentrum seiner Theologie führt Hans Urs von Balthasar, *Theologie der drei Tage,* 1990. Der Text ist identisch mit seinem Artikel *Mysterium Paschale* in: *Mysterium Salutis,* Bd. III, 2. Teilbd., hrsg. v. Johannes Feiner u. Magnus Löhrer, 1969, S. 133–326 (Kurztitel = **Mysterium Paschale**).

Will man sich an die 7172 Seiten der Trilogie wagen, könnte vorab hilfreich sein: Hans Urs von Balthasar, *Epilog,* 1987.

Aber dann hilft alles nichts mehr:

Das Hauptwerk Balthasars nimmt man am besten mit der *Theodramatik,* 1973–1983 (Kurztitel = **Theodramatik**) in Angriff:

Bd. II: *Die Personen des Spiels,* 2. Teilbd.: *Die Personen in Christus* (**II/2**), gefolgt von Bd. III: *Die Handlung* (**III**) und Bd. IV: *Das Endspiel* (**IV**).

Bd. I: *Prolegomena* (**I**) und Bd. II, 1. Teilbd.: *Der Mensch in Gott* (**II/1**) bieten vor allem den theoretischen Rahmen der Handlung.

Wer bei der trinitarischen Theologie Balthasars bleiben will, kann auch direkt nach *Das Endspiel* mit der Theologik, 1985–1987 (Kurztitel = **Theologik**) beginnen: Bd. II: *Wahrheit Gottes* (**II**) und Bd. III: *Der Geist der Wahrheit* (**III**).

Nach soviel Theologie bietet sich ein Ausflug in die Philosophie an, deren theologische Prägung man jetzt um so besser wahrnehmen wird.

Man kann gleich bei der Theologik bleiben, nämlich bei Bd. I: *Wahrheit der Welt* (**I**).

Bleibt man auf dem philosophisch-theologischen Weg, so greife man zu *Herrlichkeit. Eine theologische Ästhetik,* 1961–1969 (Kurztitel = **Herrlichkeit**), Bd. III, 1. Teilbd.: *Im Raum der Metaphysik* (**III/1**). Vielleicht sollte man zur besseren Orientierung am Ende anfangen: *Vermächtnis und christlicher Auftrag,* S. 943–983.

Endlich ist die Erkenntnistheorie Balthasars zu studieren, und zwar im Bd. I: *Schau der Gestalt* (**I**). Von hier aus sind die verbleibenden 4 Bände zu bewältigen, welche die Wahrnehmung der Herrlichkeit der Offenbarung in Theologie, Mystik und Dichtung (**II**) sowie im Alten und Neuen Bund (**III/2**) erschließen.

Auswahl sonst zitierter Literatur von Balthasar

Kritisch mit der Lage von Kirche und Theologie setzen sich auseinander:

HANS URS VON BALTHASAR, *Cordula oder der Ernstfall,* 1987 (Kurztitel = **Cordula**).

HANS URS VON BALTHASAR, *Klarstellungen. Zur Prüfung der Geister,* 1978 (Kurztitel = **Klarstellungen**).

HANS URS VON BALTHASAR, *Neue Klarstellungen,* 1979 (Kurztitel = **Neue Klarstellungen**).

Die verschiedenen Lebensformen des Christen erläutert Balthasar in: *Christlicher Stand,* 1977 (Kurztitel = **Christlicher Stand**).

Sammlungen theologischer Aufsätze von Hans Urs von Balthasar findet man in:

Sponsa Verbi. Skizzen zur Theologie II, 1971 (Kurztitel = **Sponsa Verbi**).

Spiritus Creator. Skizzen zur Theologie III, 1967 (Kurztitel = **Spiritus Creator**).

Homo Creatus est. Skizzen zur Theologie V, 1986 (Kurztitel = **Homo Creatus**).

Zu Adrienne von Speyr empfiehlt sich: *Kostet und seht. Ein theologisches Lesebuch.* Aus ihren Schriften ausgewählt und eingeleitet von Hans Urs von Balthasar, 1988.

Weiterführende Literatur

KARL RAHNER, *Hörer des Wortes. Zur Grundlegung einer Religionsphilosophie* (1941), in: *Sämtliche Werke*, Bd. 4, 1997 (Kurztitel = **Rahner**).

WERNER LÖSER, *Im Geist des Origenes. Hans Urs von Balthasar als Interpret der Theologie der Kirchenväter*, 1976 (Kurztitel = **Löser**).

THOMAS KRENSKI, *Passio Caritatis. Trinitarische Passiologie im Werk Hans Urs von Balthasars*, 1990 (Kurztitel = **Passio Caritatis**).

MANFRED LOCHBRUNNER, *Analogia Caritatis. Darstellung und Deutung der Theologie Hans Urs von Balthasars*, 1981.

MICHAEL SCHULZ, *Sein und Trinität. Systematische Erörterungen zur Religionsphilosophie G.W.F. Hegels im ontologiegeschichtlichen Rückblick auf J. Duns Scotus und I. Kant und die Hegel-Rezeption in der Seinsauslegung und Trinitätstheologie bei W. Pannenberg, E. Jüngel, K. Rahner und H.U. v. Balthasar*, 1997.

Zeugen des Glaubens

David Berger
Thomas von Aquin begegnen
ISBN 3-929246-77-5

Hildegard Gosebrink
Hildegard von Bingen begegnen
ISBN 3-929246-76-7

Gerhard L. Müller
John Henry Newman begegnen
ISBN 3-929246-54-6

Karl Pörnbacher
Crescentia Höß begegnen
ISBN 3-929246-64-3

Joachim Reber
Romano Guardini begegnen
ISBN 3-929246-67-8

Marianne Schlosser
Bonaventura begegnen
ISBN 3-929246-63-5

Anton Schmid
Therese von Lisieux begegnen
ISBN 3-929246-36-8

Johanna Schmid
Papst Pius XII. begegnen
ISBN 3-929246-62-7

Michael Schulz
Hans Urs von Balthasar begegnen
ISBN 3-929246-82-1

Michael Schulz
Karl Rahner begegnen
ISBN 3-929246-37-6

Gerd A. Treffer
Charles de Foucauld begegnen
ISBN 3-929246-51-1

Gerd A. Treffer
Johanna von Valois begegnen
ISBN 3-929246-50-3

Rudolf Voderholzer
Henri de Lubac begegnen
ISBN 3-929246-44-9

Sankt Ulrich Verlag